D1876690

HEYNE
BÜCHER

Reinhard Sepac

Erfolgreich durch Mentaltraining

Techniken, Übungen, Anwendung in der Praxis

WILHELM HEYNE VERLAG
MÜNCHEN

HEYNE RATGEBER
08/9396

Copyright © 1988 by Delphin Verlag GmbH, München
Genehmigte Taschenbuchausgabe
erschienen im Wilhelm Heyne Verlag GmbH & Co. KG, München
Printed in Germany 1991
Umschlaggestaltung: Atelier Adolf Bachmann, Reischach
Umschlagfoto: Elmar Kohn, Landshut
Satz: Kort Satz GmbH, München
Druck und Bindung: Presse-Druck Augsburg

ISBN 3-453-05428-8

Inhalt

Einleitung

So wird dieses Buch zum Erfolg für Sie

Ich gratuliere Ihnen. Sie haben den vielleicht folgenreichsten Entschluß Ihres Lebens gefaßt: Sie möchten Ihr Leben von Grund auf ändern, Sie wollen Ihre Träume von harmonischen Beziehungen zu Ihrem Partner, Ihrer Familie, Ihren Freunden und Kollegen wahrmachen. Sie wollen endlich den beruflichen Erfolg haben, den Sie schon lange anstreben. Sie wollen gesund und zufrieden sein und Möglichkeiten in sich ausschöpfen, von denen Sie noch gar nicht wissen, daß sie in Ihnen ruhen.

Der Beweis dafür ist: Sie haben dieses Buch gekauft. Schon beim ersten Durchblättern ist Ihnen – hoffentlich – aufgefallen: ›Erfolgreich durch Mentaltraining‹ ist ein Praxisbuch. Das bedeutet, daß ich mich auf die notwendigsten theoretischen Erklärungen beschränkt habe. (Sollten Sie Ihr Wissen auf diesem Gebiet vertiefen wollen, möchte ich Sie auf die Lektüre-Empfehlungen am Ende verweisen.)

Das Buch, das Sie jetzt in den Händen halten, ist ein praktischer ›Reiseführer‹ durch die – zum Teil noch unerforschten – Gebiete Ihrer Seele. Ich werde Ihnen ganz konkrete Anleitungen geben, wie Sie Ihre Wünsche und Träume in die Wirklichkeit umsetzen können. Ich werde beschreiben, was Sie tun müssen, um Veränderungen zum Positiven in Ihrem Leben zu bewirken.

Aus der langjährigen Erfahrung in meinem ›Privat-Institut für Hypnose & Mentaltraining‹ in Saarbrücken weiß ich, daß es nicht genügt, eine Menge intellektuellen Wissens mit sich herumzuschleppen und auf Abruf der staunenden Umgebung präsentieren zu können. Erst wenn man beginnt, regelmäßig praktisch an sich zu arbeiten, stellen sich Erfolge ein. Sie müssen sich schon auf Skier stellen und losfahren, wenn Sie Skiläufer werden wollen – die theoretischen Kenntnisse über die Gesetze dieses Sportes nützen Ihnen gar nichts. Sie müssen schon eine Geige in die Hand nehmen und beginnen, darauf zu spielen, wenn Sie Violinist werden wollen – ein dickes Buch über Bauweise und Geschichte der Geige nützt Ihnen gar nichts. Und Sie werden erst dann grundlegende seelische Wandlungen bewirken, wenn Sie sich mit Hilfe bestimmter Methoden tatsächlich auf Ebenen begeben, zu denen Sie im hektischen Alltagsleben keinen Zugang haben.

Ich verlange also von Ihnen, daß Sie mit meinem Buch arbeiten. Sie werden feststellen, daß diese Arbeit an sich selbst sehr lustvoll und spielerisch sein kann – und daß sie die lohnendste ist, die es überhaupt gibt.

Sie sind also herzlich eingeladen, sich von mir eine Zeitlang anleiten zu lassen. Sie werden bald merken, daß Sie alleine weitergehen können auf dem von Ihnen gewählten Weg. Sollten Sie doch nicht alleine zurechtkommen, wird Ihnen eine fachmännische Mentaltherapie helfen.

Ich schlage vor, daß Sie ›Erfolgreich durch Mentaltraining‹ einmal ganz durchlesen, danach legen Sie Ihre persönlichen Ziele fest und beginnen mit den Übungen. Eine kleine Kontrolle am Ende des Buches wird Ihnen Hinweise geben, ob Sie auf dem richtigen Weg sind. Ich wünsche Ihnen von Herzen den Erfolg, den Sie sich erträumen.

Ihr Reinhard Sepac

Teil 1

Das Mentaltraining

1. Kapitel

Was ist Mentaltraining?

Mentaltraining ist

- eine umfassende Methode der positiven Lebensgestaltung
- die bewußte Beeinflussung des eigenen Denkens, Wollens und Tuns
- eine systematisch gegliederte Methode, die befähigt, das Schicksal in die eigene Hand zu nehmen
- die gezielte Nutzung unserer geistigen Fähigkeiten, um bestehende Probleme und Konflikte zu lösen und Wünsche zu verwirklichen
- das Konzentrat des Wissens aus vielen geistigen Richtungen (z. B. Bestandteile von Yoga, Hypnose, Autogenem Training, Farbtherapie), wobei religiöse Überzeugungen keine Rolle spielen.

Es gibt nur eine unverzichtbare Voraussetzung für das Mentaltraining: Das ist der Glaube. Nicht der Glaube im religiösen Sinn, sondern die sichere Überzeugung, daß das, was Sie sich wünschen, Wirklichkeit wird, ja, daß es auf der geistigen Ebene bereits Wirklichkeit geworden ist.

Wir alle neigen dazu, ständig Zweifel zu haben, Befürchtungen zu hegen, uns in unsere Ängste zu verstricken. Sie werden aus eigener bitterer Erfahrung wissen, daß es wenig nützt, diese Ängste und Zweifel zu bekämpfen oder gewaltsam zu unterdrücken. Es gibt nur einen Weg, sich von negativen, zerstörerischen Gefühlen und Gedanken zu befreien und damit das Leben tatsächlich wirkungsvoll zu verändern: sich das grundlegende geistige Gesetz klarzumachen:

Sie sind, was Sie denken

Das bedeutet: Sie erschaffen sich durch Ihre ständig wiederkehrenden Gedanken und tiefsitzenden Überzeugungen selbst Ihre Welt.

Diese Tatsache, der sich die meisten Menschen gar nicht bewußt sind, hat weitreichende Konsequenzen, ja sie entscheidet über Ihr Lebensglück! Wenn Sie nämlich an sich zweifeln, zerstörerisch und negativ denken, wenn Ihr Leben aus einem einzigen ›Ich kann nicht‹ besteht, wird diese negative Saat entsprechende Früchte tragen. Sie werden unglücklich, traurig, wütend sein und Krankheiten auf sich ziehen. Wenn Sie dagegen glauben – also die tiefe innere Überzeugung haben und diese auch ständig bestärken – daß Sie das Gute, das Sie wollen, auch bekommen, erschaffen Sie durch diesen Glauben genau das, was Sie wollen.

Sie sehen, von welch grundlegender Bedeutung es ist, daß Sie an die Möglichkeit glauben, aktiv Einfluß auf Ihr Leben nehmen zu können – gleichgültig, wie unglücklich Sie in der Vergangenheit waren oder wie schwierig Sie es bisher fanden, Ihrem Leben in den Bereichen, die Ihnen am Herzen liegen, eine entscheidende Wende zum Positiven zu geben. Doch bitte verzagen Sie nicht, wenn Sie noch nicht ganz so weit sind: Sie werden erleben, daß durch die konsequente Anwendung der verschiedenen Übungen, durch die guten Erfahrungen, die Sie machen werden, Ihr Glaube an sich selbst wachsen und Ihre geistigen Fähigkeiten stetig gesteigert werden. Ich möchte Sie nun mit jenen drei Quellen der Kraft vertraut machen, aus denen das Mentaltraining schöpft:

Die erste Quelle der Kraft

Die erste Quelle der Kraft ist der beherrschte Gedanke.

Ich habe eben davon gesprochen, wie wichtig es ist, daß Sie an sich glauben. Der beherrschte Gedanke ist die praktische Schlußfolgerung, die Sie aus dieser Erkenntnis ziehen: Sie werden lernen, gezielt Ursachen zu setzen für Wirkungen, die Sie anstreben. Man nennt das auch das ›mentale Äquivalent‹, d. h. den geistigen Gegenwert zu erschaffen. Damit ist gemeint, daß Sie zuerst im Geiste das erschaffen müssen, von dem Sie möchten, daß es in Ihrem Körper, in Ihrer Seele, in Ihren äußeren Lebensumständen Wirklichkeit wird. Wenn Sie z. B. krank sind und gesund werden möchten, dann müssen Sie sich zuerst einmal geistig vorstellen, daß Sie gesund sind, daß Sie den Zustand von Gesundheit bereits erreicht haben, bevor Sie auch tatsächlich körperlich gesund werden. (Im Kapitel über positives Denken werde ich genauer auf diese grundlegende geistige Technik und ihre praktische Anwendung eingehen.)

Die zweite Quelle der Kraft

Die zweite Quelle der Kraft ist Ihr Unterbewußtsein.

Dies ist der Sitz unserer Gefühle und Erinnerungen, es speichert die ungeheure Fülle an Informationen, die in jeder Sekunde unseres Lebens auf uns einprasseln und die unser Bewußtsein gar nicht aufnehmen könnte. Das Unterbewußtsein ist auch die Schaltzentrale unserer unbewußten Körperfunktionen.

Die Fähigkeiten des Unterbewußtseins sind nahezu unbegrenzt, und es ist ein wesentliches Ziel des Mentaltrainings, diese – zum größten Teil brachliegenden Fähigkeiten – für eine positive Lebensgestaltung zu nutzen. Sie werden lernen, einen direkten Kontakt zu Ihrem Unterbewußtsein herzustellen. Sie können mit ihm sprechen wie mit einem guten Freund, Sie können ihm Fragen stellen und Aufträge geben, Sie können es positiv ›programmieren‹.

Die dritte Quelle der Kraft

Die dritte Quelle der Kraft ist das Überbewußtsein.

Es ist die größte Quelle der Kraft, die in unserem Universum existiert – es ist die ›geistige Atomenergie‹ in uns; eine Macht, die in jedem von uns schlummert – und es bleibt Ihnen überlassen, ob Sie ihr einen Namen geben wollen oder sie ganz neutral als die stärkste und wirkungsvollste Energie, die es eben gibt, anerkennen. Das Überbewußtsein, über dessen Ursprung wir nichts wissen und dessen Natur jedes menschliche Vorstellungsvermögen überschreitet, ist eine persönlich erfahrbare Kraft! Sie können ›es‹ erleben, auch wenn Sie ›es‹ nicht beschreiben oder erklären können. Im Mentaltraining lernen Sie, Zugang zu dieser Kraft zu erhalten und sie sinnvoll anzuwenden.

Die geistigen ›Techniken‹, derer sich das Mentaltraining bedient, sind sinnvoll aufeinander abgestimmt, bilden aber keineswegs ein geschlossenes System. Mentaltraining ist ein Weg, kein Dogma. Allerdings ein bewährter Weg, den schon jahrtausendelang vor uns Menschen aller Rassen und Religionen gegangen sind. Wenn wir offen genug sind, können wir heute aus uralten Erfahrungen lernen und gleichzeitig neue naturwissenschaftliche Erkenntnisse, z. B. aus der Gehirnforschung und der Psychologie, für uns nutzbar machen.

Wer einmal mit dem Mentaltraining angefangen hat, wird sein Leben lang Neues kennenlernen: Das Leben ist Wandel, ist Lernen, ist Weiterentwicklung.

Wissenschaftliche Untersuchungen haben ergeben, daß der Mensch höchstens 13 Prozent seines geistigen Potentials nutzt. Mentaltraining ist eine Methode, unsere selbstgesteckten Grenzen immer weiter hinauszuschieben, geistiges Neuland zu entdecken und unser Lebensglück selbst in die Hand zu nehmen.

Wer sagt hier: »Ich kann nicht«?
Denken Sie an die Hummel.
DIE HUMMEL
hat 0,7 qcm Flügelfläche bei 1,2 Gramm Gewicht.
Nach den bekannten Gesetzen der Aerodynamik
ist es unmöglich,
bei diesem Verhältnis zu fliegen.
Die Hummel weiß das aber nicht –
und FLIEGT EINFACH!

2. Kapitel

Hilfe durch Mentaltraining

Einer der genialsten Fußballspieler, die es je gab, war der Franzose Michel Platini. Eines Tages gab er seinen sofortigen Rücktritt vom aktiven Sport bekannt. Der Superstar von Juventus Turin hatte plötzlich ›keine Lust‹ mehr, er empfand einfach keine Freude am Spiel. Psychologen würden sagen: Er war für seinen Sport nicht mehr motiviert.

Eine der ältesten Fragen der Menschheit lautet: Warum verhält sich der Mensch so, wie er sich verhält? Um menschliche Verhaltensweisen zu erklären, betrachtet man sie als Ergebnis von Absichten, Wünschen, Vorhaben und Bedürfnissen. Man sucht also nach den Ursachen. Die innere Ursache, die Motivation, ist der Energiespender für jede Aktivität.

Wir wissen, daß einige Motivationen angeboren sind, z. B. die Suche nach Essen, Trinken, Schlafen, Sex – aber auch die Neugier und der Entdeckertrieb. Um diese Bedürfnisse zu befriedigen, gehorchen wir einem einfachen Lust-Unlust-Prinzip: Wir suchen sofort und ohne Verzögerung Lust zu gewinnen und werden ungehalten, wenn wir auf die Befriedigung unserer Bedürfnisse warten müssen. Dieses ›primäre Motivationssystem‹, wie es die Psychologen nennen, ist so stark, daß es blind macht gegenüber den Erfordernissen der Umgebung, ja selbst gegenüber Gefahren für das eigene Leben.

Uns interessiert in diesem Buch aber vor allem das ›sekundäre Motivationssystem‹. Hier werden die Bedürfnisse (wie Liebe, Anerkennung, Macht, Leistung) nach dem Erfolgs-Mißerfolgs-Prinzip gesteuert.

Die Aussicht auf Erfolg läßt uns sogar einen Aufschub von Lust auf uns nehmen. Ein Beispiel: Im Morgengrauen aufzustehen und einen Berg zu besteigen, ist erst mal reichlich ›unlustig‹ – aber ein Bergsteiger nimmt diese Anstrengung bewußt in Kauf, weil er sich eine noch größere Lust verspricht, als faul im Bett liegenbleiben zu können. Er genießt das herrliche, einzigartige Gefühl, später auf dem Gipfel zu stehen. Was aber ›Erfolg‹, was die noch größere ›Lust‹ ist, das bestimmen ganz alleine Sie! Und ich behaupte: Ihr Leben wird erst dann erfüllt sein, wenn Sie herausgefunden haben, was Sie persönlich glücklich macht; wenn Sie über sich selbst bestimmen können, und wenn Sie dann auch das tun, was Sie wirklich wollen. Nehmen wir das Beispiel mit dem Bergsteiger: Ein anderer greift sich vielleicht an den Kopf über diese ›überflüssige‹ Anstrengung und liest lieber ein Buch über mathematische Probleme – eine Mühe, die wiederum dem Bergsteiger eventuell völlig ›überflüssig‹ vorkäme. Fassen wir zusammen:

1. Es gibt Motivationen, die uns allen gemeinsam sind, weil wir alle Menschen sind.
2. Es gibt individuelle Unterschiede im Verhalten (und damit der Motivation), die sehr stabil sind – aber auch verändert werden können.

Individuelle Unterschiede bestehen nicht nur im äußeren Tun, im Handeln – sondern vor allem auch im Denken und Fühlen, im Beurteilen von Situationen und Ereignissen. Dieser Punkt ist wesentlich, denn diese fest eingefahrenen Überzeugungen und Meinungen, die manchmal nie mehr hinterfragt oder überhaupt bewußt erkannt werden, führen genau zu den Ängsten, Hemmungen und Blockaden, die uns das Leben schwermachen.

Prüfen Sie sich mit dem folgenden kleinen Test doch einmal selbst:

Wie geistig flexibel sind Sie?

- Sagen Sie, wenn Sie vor einer neuen Aufgabe stehen, zuerst immer: »Ich kann nicht«?
- Finden Sie, daß Sie für bestimmte Dinge (Sport treiben, Haushaltsarbeiten, Partys geben, künstlerisch arbeiten) ›einfach nicht der Typ sind‹?
- Werden Sie wütend, wenn man Sie starrköpfig und unbelehrbar nennt?
- Könnte der Beamtenwahlspruch: »Das war schon immer so, das war noch nie so, da könnte ja jeder kommen« auch von Ihnen stammen?
- Behaupten Ihre Angehörigen und Freunde, sie würden Sie in- und auswendig kennen?
- Haben Sie manchmal den Verdacht, daß niemand offen mit Ihnen redet, weil Sie »es ja sowieso nicht verstehen würden«?
- Ist es Ihnen sehr wichtig, was ›die Nachbarn‹ über Sie denken?
- Glauben Sie, daß Erwachsene ohnehin nicht mehr viel lernen können?
- Haben Sie ständig Angst, etwas falsch zu machen, ist Ihnen häufig etwas peinlich?
- Sind Sie stolz darauf, unerschütterliche Prinzipien zu haben?

Wenn Sie die überwiegende Anzahl dieser Fragen mit ›Ja‹ beantwortet haben, neigen Sie dazu, an einer einmal – oft schon in der Kindheit – gefaßten Meinung und Überzeugung festzuhalten. In diesem Fall bin ich sicher, daß Sie in einem oder mehreren Bereichen Ihres Lebens Probleme haben.

Haben Sie lieber immer recht
und sind unglücklich?
oder
Haben Sie lieber auch mal unrecht
und sind glücklich?

Ich möchte Ihnen auf den folgenden Seiten zeigen, wie Verhaltensweisen korrigiert, Krankheiten geheilt werden können, wenn die zugrundeliegende, meist verdrängte Ursache entdeckt wird. In der Hypnosetherapie, kombiniert mit anderen Techniken des Mentaltrainings, sind besonders schnelle und tiefgreifende Erfolge zu erzielen.

Umgang mit speziellen Verhaltensweisen

Angst Es war später Abend, als das Telefon klingelte. Als ich abhob, flehte mich eine Frau am anderen Ende der Leitung aus Pirmasens an: »Sie müssen mir helfen! Bitte lassen Sie mich nicht im Stich.« Nach und nach ergab sich folgendes Bild: Hannelore E. (46) litt ständig unter starken Ängsten. Sie geriet besonders in Panik, wenn sie mit fremden Personen das erste Mal zusammentraf, wenn sie sich schnell entscheiden mußte und wenn sie gesundheitliche Beschwerden hatte. Ich vereinbarte mit Frau E., die seit Jahren Beruhigungsmittel nahm, eine Hypnosetherapie durchzuführen.

Im Laufe von 23 Sitzungen kamen folgende Tatsachen langsam ans Tageslicht: Frau E. hatte ein schreckliches Erlebnis aus ihrer Kindheit verdrängt – als sie elf Jahre alt war, mußte sie bei einem Spiel eine Frau sein, die an einem Herzschlag starb. Da ihre Cousine bei diesem Spiel tatsächlich einen Unfall hatte und ins Krankenhaus gebracht werden mußte, prägte sich diese Situation und mit ihr die Angst, die Krankheit könne Wirklichkeit werden, tief in Frau E.s Unterbewußtsein ein. Alle ihre Ängste beruhten auf der Grundangst, daß sie plötzlich an Herzversagen sterben könne. Nach der ersten Phase der Hypnose, in der die Ursache des Leidens erkannt worden war, begann ich mit der zweiten, der Heilungsphase. Immer wieder ließ ich Frau E. sich selbst sagen: »Ich bin gesund. Mir kann nichts geschehen.« Heute nimmt Frau E. keine Tabletten mehr und ist auch frei von ihren Ängsten. Sie schrieb mir: »Ich fühle mich frei und positiv.«

Sexuelle Probleme Eines Tages bat mich der technische Direktor einer großen Firma in Ludwigshafen zu sich. Herbert D. (45) war etwas verlegen, als er mir sein Problem schilderte: Seit drei Jahren litt er unter Impotenz. Ich erfuhr, daß damals seine Frau die Scheidung einreichte, weil sie sich in einen anderen Mann verliebt hatte. Herr D. empfand diesen Verlust besonders tief, weil sie die erste und während zwanzig Jahren die einzige Frau in seinem Leben gewesen war. Nach der Scheidung suchte er geradezu hektisch sexuellen Kontakt mit anderen Frauen – doch es stellten sich schwere Potenzstörungen ein. Ich erklärte Herrn D., daß er es schaffen müsse, von dem Idealbild seiner Frau loszukommen, weil er erst ein innerlich freier Mann sein müsse, um eine befriedigende sexuelle Beziehung zu einer anderen Frau aufnehmen zu können. Nach 43 Sitzungen merkte ich, daß es mir gelungen war: Herr D.

sprach immer leichter und freier von seinen Gefühlen, und schließlich war ›der Knopf aufgegangen‹.

Herr D. hat seine seelische Lethargie überwunden und weiß nun, daß er in anderen Frauen nicht mehr seine ehemalige Ehefrau suchen kann. Sechs Wochen später rief er mich an und berichtete fröhlich, daß er sich verliebt habe. Er sei glücklich, und sexuell gäbe es nicht die geringsten Probleme.

Stottern Hier erzielt die Hypnosetherapie oft verblüffende Erfolge. Ich denke da an Hermann D. (34) aus Frankfurt. Dieser intelligente junge Mann litt sehr unter seinem Problem und rief mich an, nachdem er in seiner Firma wieder einmal bei der Beförderung übergangen worden war, obwohl ihm jeder seine hohe Qualifizierung bestätigte.

Als ich ihn traf, fiel mir auf, daß er besonders stark stotterte, wenn er von seinen Eltern sprach, in der Hypnose aber ganz normal redete. Durch die Therapie kamen wir auf die Gründe dafür: Hermann D. wurde als Kind von seinen Eltern immer abgewiesen, wenn er mit Fragen kam. Man hörte ihm gar nicht zu oder schickte ihn weg. Eine Ohrfeige, die ihm sein Vater einmal gab, weil er seine Ruhe haben wollte, war der Auslöser: Hermann D. begann zu stottern.

Ich gab ihm Suggestionen: »Ich bin gesund. Ich kann ganz normal sprechen, auch wenn ich nicht in Hypnose bin.« Endlich stellte der Erfolg sich ein. Hermann D. stotterte auch außerhalb der Hypnose nicht mehr. Inzwischen leitet er in seiner Freizeit einen kirchlichen Diskussionskreis, und sein Chef hat ihm versprochen, daß er ihn demnächst für eine Beförderung vorschlagen wird.

Depressionen Hedwig W. (46) aus Berlin war ein Mensch, bei dem ich zunächst große Zweifel hatte, daß Hypnosetherapie helfen würde. Sie hatte sich allein in ihrer Eigentumswohnung verkrochen und litt unter schweren Depressionen. Hinzu kamen wahnhafte Vorstellungen. Sie hielt sich ständig für verfolgt und bedroht. Auf ihr inständiges Bitten hin begann ich trotz meiner Skepsis mit der Behandlung.

Hedwig W. entpuppte sich als ausgezeichnetes Medium und sie berichtete mir schnell sehr viel aus ihrem Leben. Nur ein Lebensjahr sparte sie auffälligerweise aus! Mit 21 habe sie vermutlich gar nichts erlebt, sagte sie immer wieder. Aus Erfahrung weiß ich, daß jemand, der unter Hypnose an einen bestimmten Zeitabschnitt absolut nicht heran will, genau hier etwas erfahren hat, das ihn noch heute schwer belastet. Ich sagte Hedwig W. in der nächsten Sitzung, daß sie die Sperren, die sie vor ihr 21. Lebensjahr gesetzt habe, aufgeben solle, und da fielen die Widerstände: Hedwig W. erzählte, daß sie mit 21 einen jungen Mann kennengelernt hatte, der spurlos verschwand, als sie ihm voller Freude mitteilte, daß sie schwanger war. Hedwig W. erlitt daraufhin im vierten Monat eine Fehlgeburt. Es gelang ihr, alles geheimzuhalten, und sie tat nicht nur vor anderen, sondern auch vor sich selbst so, als sei nichts geschehen. Ich erkannte, daß die Ursache von Hedwig W.s Krankheit ein tiefer Schuldkomplex war, der die Depressionen und Wahnvorstellungen ausgelöst hatte. Ich ließ sie nun in der Hypnose die verdrängten Erlebnisse immer wieder erzählen und machte ihr klar, daß sie keine Schuld traf. Und nun wurde die Behandlung tatsächlich ein Erfolg: Hedwig W. ist inzwischen von ihren Depressionen und Wahnvorstellungen befreit und fühlt sich wie ein neuer Mensch.

Bettnässen Aus München rief mich eines Tages der Bäkkermeister Herr B. wegen seines Sohnes an: Günther (26) war Bettnässer. Ich traf mich mit Günther, und er willigte sofort in eine Hypnosetherapie ein. In jeder Sitzung drang ich tiefer in seine Lebensgeschichte vor. Und schließlich sprudelte es in einer Sitzung aus ihm heraus: Kurz nach seinem siebten Geburtstag brach in der Backstube ein Feuer aus und griff auf die angrenzenden Wohnräume über. Das Kind wähnte sich in Todesgefahr (die nicht bestand, da eine brandsichere Tür das Kinderzimmer schützte), und entsetzt sah es, wie sein Vater die (tatsächlich gefährdete) kleine Schwester zuerst in Sicherheit brachte. Der Junge zog einen folgenschweren Schluß: Mein Vater liebt meine Schwester mehr als mich, er hätte mich fast sterben lassen. Von da an wurde Günther das Gefühl nicht mehr los, daß ihn keiner mochte. Aus dem unbewußten Wunsch heraus, auf sich aufmerksam zu machen, wurde er zum Bettnässer.

Nachdem wir gemeinsam die Ursache für sein Problem gefunden hatten, sagte ich Günther in Hypnose immer wieder, daß seine Eltern ihn liebten und stolz auf ihn seien. Außerdem gab ich seinem Unterbewußtsein einen Weckbefehl, sobald die ›Katastrophe‹ nahte. Von nun an ›passierte‹ nichts mehr.

Schlaflosigkeit »Ich leide unter schwerster Schlaflosigkeit. Nacht für Nacht mache ich kaum ein Auge zu. Wenn Sie mir nicht helfen können, weiß ich nicht mehr ein noch aus...« So begann ein flehender Brief, den mir Vera B. (55) aus Frankfurt schrieb. Es dauerte mehrere Hypnosesitzungen, bis wir herausfanden, warum die glücklich verheiratete Frau mit zwei Kindern schlaflos war. Sie hatte Angst, panische Angst, »plötzlich aus dem Bett gezogen zu werden«. In der folgenden Zeit drangen wir immer tiefer in Vera B.s Lebensgeschichte ein. Dabei fiel mir auf, daß es ihr ausgesprochen schwer fiel, über ihre Kindheit zu sprechen. Diese Kindheit, so rechnete ich nach, mußte in den schlimmen Jahren des Zweiten Weltkrieges gelegen haben. Und dann geschah es: Frau B. zitterte, als sie kaum vernehmbar zweimal das Wort ›Nein‹ herauspreßte. Endlich hatten wir das Geheimnis der Angst – Fliegeralarm! Nacht für Nacht wurde damals die kleine Vera geweckt, energisch von ihrer Mutter aus dem Bett gezogen und in den Schutzbunker gebracht, in dem an Weiterschlafen nicht zu denken war. Ein entsetzliches Erlebnis für ein kleines Kind und ein Erlebnis, das sich tief ins Unterbewußtsein eingrub.

Es dauerte noch einige Zeit, bis wir durch weitere Techniken des Mentaltrainings den Schock verarbeitet hatten. Doch dann erhielt ich endlich die erlösende Nachricht von Vera B.: »Ich habe heute nacht zum ersten Mal durchgeschlafen – es ist wie ein Wunder.«

Asthma Häufig haben körperliche Krankheiten psychische Ursachen. Das heißt keineswegs, daß die Krankheiten nur ›eingebildet‹ sind, sie sind meist quälend ›real‹ – doch sie lassen sich erst heilen, wenn die psychische Ursache, die ihnen zugrunde liegt, erkannt wird. Bronchialasthma ist so eine Krankheit.

Manfred S. (52), Abteilungsleiter in einem Leverkusener Chemiekonzern, hatte immer geglaubt, daß seine schweren Asthma-Anfälle berufsbedingt seien, hatte er doch häufig chemische Dämpfe einatmen müssen. Ein Arzt brachte ihn auf den Gedanken, es mit einer Hypnosetherapie zu versuchen. Kaum auf die richtige ›Spur‹ gesetzt, fiel Manfred S. auf, daß seine Anfälle immer dann häufiger auftraten, wenn er Streit mit seiner Frau hatte. Aber warum nahmen ihm diese Streitereien die ›Luft zum Atmen‹? Wir fanden in den Hypnosesitzungen heraus, daß Manfred S. eine sehr starke Mutterbeziehung hatte, wohl auch deshalb, weil sein Vater früh verstorben war. Als Junge hatte Herr S. es nie gewagt, sich Entscheidungen seiner Mutter entgegenzusetzen. Aus diesem Grunde ordnete er sich auch seiner späteren Ehefrau absolut unter. Nahm er einmal einen Anlauf, seine berechtigten Wünsche anzumelden oder durchzusetzen, bekam er einen Asthma-Anfall.

Mit der Stärkung seines Selbstvertrauens durch positive Suggestionen löste sich Manfred S.s Mutterbindung, seine Anfälle nahmen ab. Heute kann er auftauchende Konflikte mit seiner Frau austragen, anstatt vor ihnen davonzulaufen.

Kopfschmerzen Rund zwanzig Millionen Menschen leiden in Westdeutschland unter Kopfschmerzen, das ist fast ein Drittel der Gesamtbevölkerung! Bei wenigstens der Hälfte der Leidenden spielen psychische Ursachen eine wichtige Rolle.

Ich denke da zum Beispiel an Gerlinde J. (39), eine Krankenschwester aus Hamburg. Seit 12 Jahren litt sie unter schweren Kopfschmerzen, die sie nur durch die Einnahme von Tabletten ertragen konnte. Unsere Gespräche ergaben keinerlei Anhaltspunkte, erst als Gerlinde J. in der Hypnose Zugang zu ihrem Unterbewußtsein erlangte, ergab sich folgendes Bild: Sie sagte, daß sie seit ihrem 25. Lebensjahr ständig darüber nachdenken müsse, wann denn der richtige Zeitpunkt zum Heiraten käme. Das Streben nach Perfektion (»Als Frau ist man verheiratet!«) bereitete ihr im wahrsten Sinne des Wortes ›Kopfzerbrechen‹.

In den 12 Sitzungen lehrte ich Gerlinde J. unter Hypnose vor allem, sich vollkommen zu entspannen. Heute ist sie noch immer nicht verheiratet, doch sie leidet nicht mehr darunter. Sie hat Spaß an ihrer Arbeit und fühlt sich frei – auch von Kopfschmerzen.

3. Kapitel

Wie Sie Mentaltraining für Ihre Ziele einsetzen

Ich habe Ihnen im letzten Kapitel einige Beispiele gegeben, wie durch Hypnose selbst schwere körperliche und seelische Störungen behoben werden können. Sollten Sie unter ähnlich schweren Störungen leiden, möchte ich Ihnen eine Hypnosetherapie bei einem erfahrenen Therapeuten empfehlen.

Das Mentaltraining, das Sie alleine erlernen und anwenden können, ist ein durchdachtes System geistiger Praktiken, das Ihnen helfen kann:

- mehr berufliche Leistung zu erbringen, auf welchem Gebiet auch immer
- liebesfähiger zu werden und damit harmonische Beziehungen zu anderen Menschen herzustellen
- selbstbewußter zu werden, Selbstvertrauen zu gewinnen
- kreativer zu werden
- verborgene Talente zum Vorschein zu bringen
- Konzentration und Gedächtnisleistung zu steigern
- die allgemeine Lernfähigkeit zu verbessern
- Strategien zur Konfliktlösung zu entwickeln
- lang gehegte Wünsche in die Wirklichkeit umzusetzen
- alte Ängste zu verlieren, ein Gefühl von Freiheit und Geborgenheit in sich selbst zu entfalten

- Ihren Gesundheitszustand auf entscheidende Weise zu verbessern
- Streß abzubauen
- psychische Blockaden aufzulösen, sich wieder ›loslassen‹ zu lernen
- Vertrauen in sich und andere zu entwickeln
- ein glückliches Leben zu führen, weil Sie sich selbst verwirklichen
- das Rauchen aufzugeben
- nicht mehr Fingernägel zu kauen
- Ihren Alkoholkonsum zu verringern
- sportliche Leistungen zu steigern
- abzunehmen

Ich möchte nun auf die Vorbereitung für Ihr persönliches Mentaltraining zu sprechen kommen. Hier ist es am wichtigsten, daß Sie sich zunächst einmal über Ihre Wünsche, Ziele und Ihre angestrebte Lebenssituation klarwerden. Das klingt merkwürdig, denn wem schwirren nicht ständig Wünsche und Ziele im Kopf herum? Doch genau das ist es ja gerade: ein wildes Durcheinander von Impulsen, die mal stärker, mal schwächer sind, dazu immer wieder Zweifel, was nun ›richtig‹ und was ›falsch‹ ist, schließlich plötzliche Willensanstrengungen, die abgelöst werden von Mutlosigkeit. Genau diese Geistesverfassung ist es, die Ihnen bisher den Erfolg versagt hat, den Sie verdienen.

Nehmen wir an, in Ihrem Geist herrsche so ein Durcheinander, Sie haben nur das starke Gefühl, daß ›etwas‹ nicht stimmt und daß Sie ›etwas‹ unternehmen müßten, um Ihr Leben wieder in die rechte Bahn zu bringen. Ich möchte Sie jetzt mit einem kleinen Test vertraut machen, den ich oft selbst als Einstieg in meine Hypnosetherapie verwende und mit dem ich immer wieder verblüffende Erfahrungen mache.

Kraftzuwachs – Kraftverlust

Sie brauchen für diesen Test eine zweite Person. Um mit dem Grundprinzip vertraut zu werden, machen Sie zunächst folgendes:

Malen Sie auf ein Blatt Papier dieses Zeichen, etwa handtellergroß:

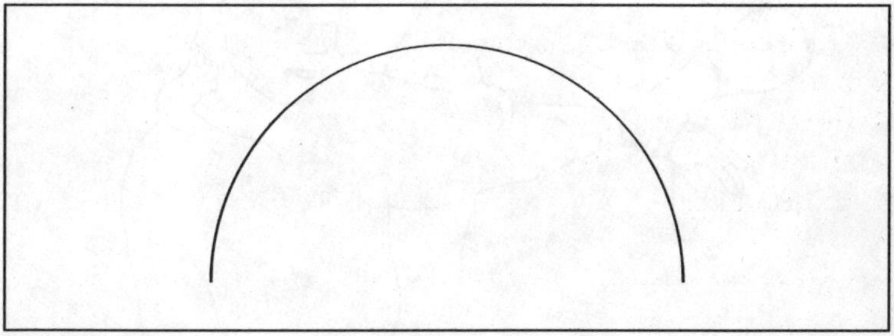

Setzen Sie sich nun an einen Tisch und stellen Sie dieses Blatt vor sich hin. Legen Sie die Arme locker auf die Oberschenkel und konzentrieren Sie sich auf nichts anderes als auf diese Zeichnung. Nun tritt Ihr Helfer an Sie heran, hebt mit seiner rechten Hand Ihren rechten Arm bis zur Waagerechten seitlich hoch und gibt mit seiner Linken einen bestimmten Druck auf Ihr Ellbogengelenk.

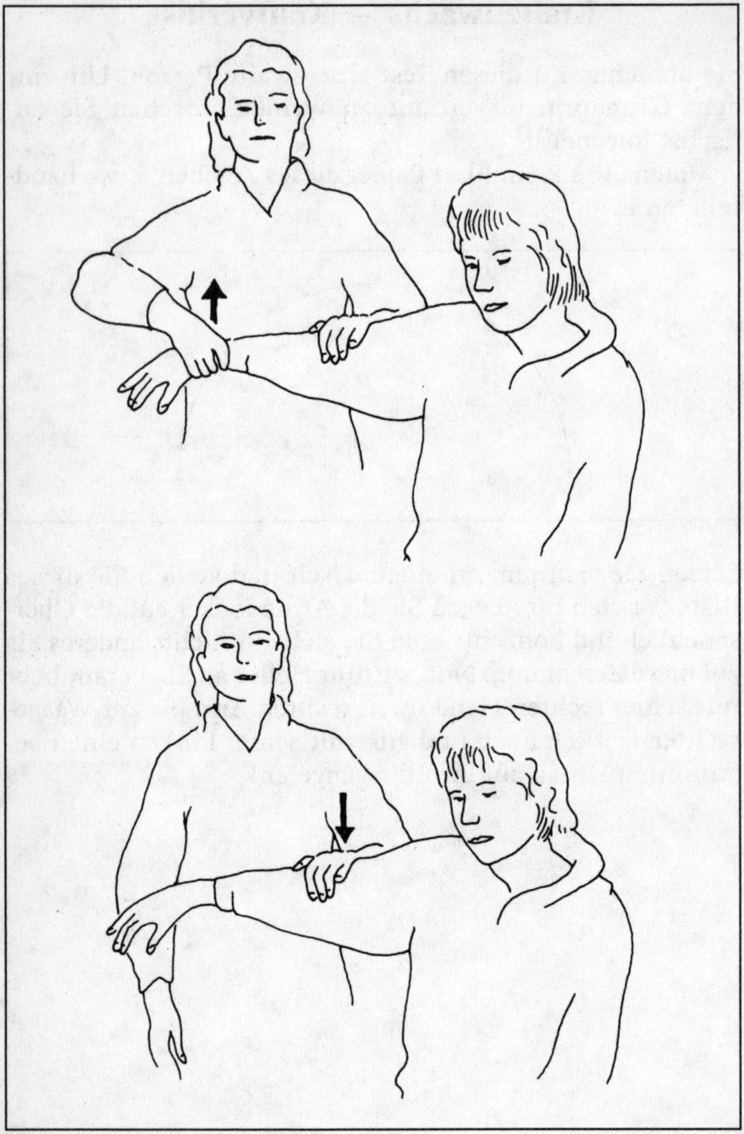

Gleichzeitig stemmen Sie sich mit aller Kraft gegen diesen Druck. (Falls Sie Linkshänder sind, nimmt Ihr Helfer Ihren linken Arm).

Versuchen Sie sich zu merken, wie tief sich Ihr Arm herunterdrücken ließ. Nehmen Sie jetzt ein neues Blatt Papier und malen Sie folgenden Bogen drauf:

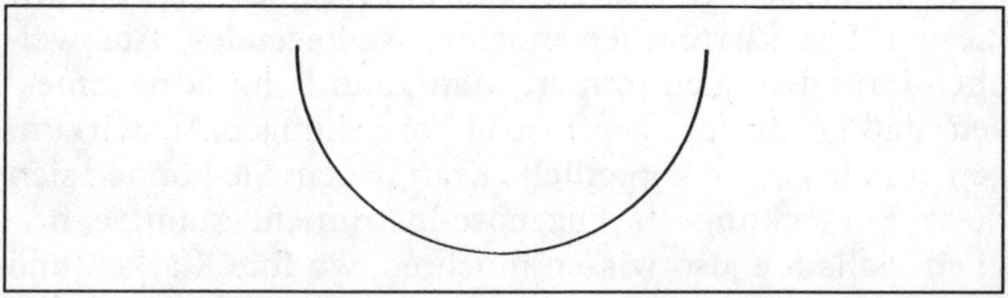

Jetzt wiederholen Sie alles genauso wie beim ersten Mal. Wichtig ist, daß Ihr Helfer beide Male etwa den gleichen Druck auf den Arm ausübt.

Nun, haben Sie etwas gemerkt? Ich bin mir vollkommen sicher, daß sich Ihr Arm beim zweiten Mal nicht so tief herunterdrücken ließ wie beim ersten. Woran das wohl liegt? Schauen Sie sich noch einmal die beiden Zeichnungen an. Ergänzen Sie sie zu den folgenden:

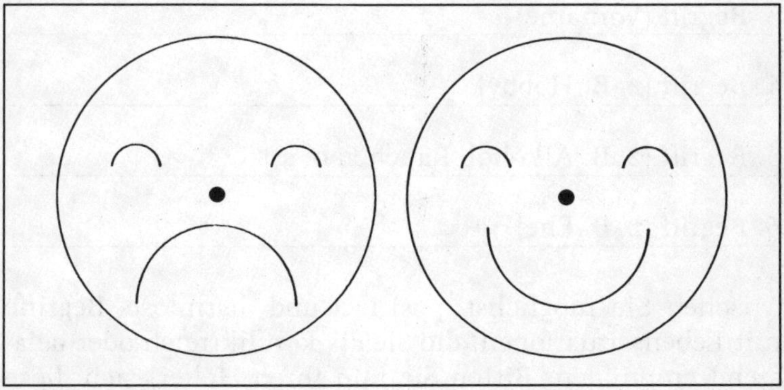

Jetzt sehen Sie, daß Sie beim Betrachten des ›Positiv-Zeichens‹, den aufwärtsgebogenen Mundwinkeln, mehr körperliche Kraft hatten als bei den hinabgezogenen Mundwinkeln, obwohl Sie sich der Symbolik der beiden Zeichnungen gar nicht bewußt waren. Wenn Sie wollen, wiederholen Sie den Test jetzt, nachdem Sie die Symbolik kennen – es ändert sich trotzdem nichts am Ergebnis. Was ich mit diesem Test klarmachen möchte, ist folgendes: Aus welchen Gründen auch immer: Man kann konkret nachmessen, daß bestimmte psychische Vorstellungen Auswirkungen auf die eigene körperliche Kraft haben. Sie können sich diese Entdeckung als Diagnose-Instrument zunutze machen. Falls Sie also wissen möchten, wo Ihre Stärken und Ihre Schwächen, wo Ihre Ängste und Ziele überhaupt liegen, bitten Sie Ihren Helfer, folgenden Test zu machen:

Schreiben Sie in die untenstehende Liste sechs Begriffe, die mit Ihnen und Ihrem Leben zu tun haben. Einer dieser Begriffe sollte auf jeden Fall Ihr Vorname sein.

1. Begriff (z. B. Mutter) ____________________

2. Begriff (z. B. berufliche Situation) ____________________

3. Begriff (Vorname) ____________________

4. Begriff (z. B. Hobby) ____________________

5. Begriff (z. B. Alkohol, Rauchen o. ä.) ____________________

6. Begriff (z. B. Ehe) ____________________

Mischen Sie möglichst ›positive‹ und ›harmlose‹ Begriffe mit Lebenssituationen, die Sie als konfliktreich oder belastend empfinden. Bitten Sie nun Ihren Helfer, sich diese

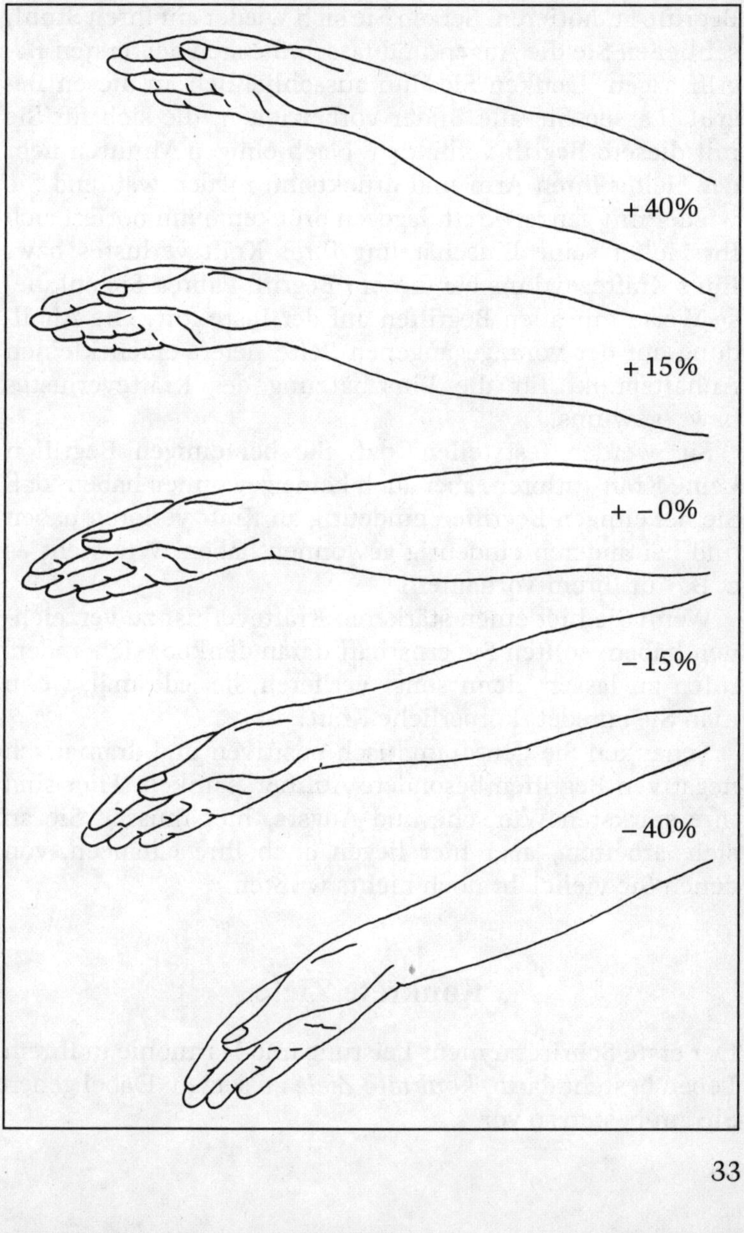
+40%
+15%
+ – 0%
–15%
–40%

Begriffe zu notieren. Setzen Sie sich wieder auf Ihren Stuhl, schließen Sie die Augen und lassen Sie sich den ersten Begriff sagen. Denken Sie nun ausschließlich an diesen Begriff. Lassen Sie alle Bilder vorbeiziehen, die sich für Sie mit diesem Begriff verbinden. Nach einigen Minuten hebt der Helfer Ihren Arm und drückt ihn nieder, während Sie wieder mit ganzer Kraft dagegen drücken. Nun notiert sich Ihr Helfer seine Einschätzung Ihres Kräfteverlustes bzw. Ihres Kräftegewinns bei diesem Begriff. Fahren Sie auf diese Weise mit allen Begriffen auf der Liste fort. Die Abbildung auf der vorangegangenen Seite liefert einen kleinen Anhaltspunkt für die Einschätzung des Kräfteverlustes bzw. -gewinns.

Sie werden feststellen, daß Sie bei einigen Begriffen keine Kraft verloren, aber auch keine gewonnen haben; daß Sie bei einigen Begriffen eindeutig an Kraft verloren haben und bei anderen eindeutig gewonnen haben. Wie steht es z. B. mit Ihrem Vornamen?

Wenn Sie hier einen stärkeren Kräfteverlust zu verzeichnen haben, sollten Sie ernsthaft daran denken, sich anders rufen zu lassen, denn sonst verlieren Sie jedesmal, wenn man Sie anredet, körperliche Kraft!

Schenken Sie den dramatisch positiven und dramatisch negativen Begriffen besondere Aufmerksamkeit. Hier sind Ihre stärksten Wünsche und Ängste, hier müssen Sie an sich ›arbeiten‹, aber hier liegen auch Ihre Chancen, von denen Sie vielleicht noch nichts wußten.

Konkrete Ziele

Der erste Schritt zu mehr Leistung und Harmonie in Ihrem Leben besteht darin, *konkrete Ziele* zu setzen. Dabei gehen Sie am besten so vor:

1. Schreiben Sie zunächst sehr schnell und ganz spontan auf, was Ihnen an Wünschen und Lebenszielen immer oder auch nur gerade jetzt durch den Kopf geht:
Ich wünsche mir:

2. Ordnen Sie Ihre notierten Wünsche in der untenstehenden Tabelle nach Sachgruppen:

Beruf	Familie Kinder	Liebe Ehe	Freunde	Geld Besitz	Wohnen	Hobbys Sport

3. Beginnen Sie jetzt ›auszumisten‹, wobei Sie sich bei jedem Wunsch folgende Fragen stellen:

a) Ist der Wunsch positiv, bejahend und förderlich für meine Entwicklung?
b) Will ich das wirklich, oder will das nur jemand in meiner Umgebung von mir?
c) Ist es nach menschlichem Ermessen möglich, daß ich dieses Ziel erreiche? (Seien Sie hierbei nicht zaghaft – aber wünschen Sie sich auch nicht gerade, wenn Sie eine evangelische Frau sind, Papst zu werden.)
d) Schade ich anderen durch meinen Wunsch? (Falls ja, streichen Sie diesen Wunsch sofort, denn seine eventuelle Erfüllung wird Sie nicht glücklich machen.)

Wenn Sie diesen ›Check‹ mit Ihren Wünschen durchgeführt haben, suchen Sie drei Wünsche heraus, nach deren Erfüllung Sie sich am meisten sehnen. Lassen Sie dabei Ihr Gefühl, Ihre Intuition sprechen und denken Sie dabei an die Worte des weisen Indianers Don Juan, über den Carlos Castaneda mehrere Bücher geschrieben hat:

Ist es ein Weg mit Herz?
Wenn er es ist, ist der Weg gut.
Wenn er es nicht ist, ist der Weg nutzlos.

Und nun notieren Sie:

Meine drei Wünsche:

1. ____________________________

2. ____________________________

3. ____________________________

Wenn Sie möchten, können Sie sich nun noch einmal Ihren sehnlichsten Wunsch heraussuchen. Bitte formulieren Sie ihn positiv und so einfach wie möglich.

Mein innigster Wunsch:

____

____

____

So, nun haben Sie schon allerhand geleistet. Bitte sprechen Sie mit anderen nicht zu viel über Ihre Ziele, besonders nicht über Ihren innigsten Wunsch. Selbst unsere besten Freunde sind nicht immer daran interessiert, daß wir erfolgreich sind. (Vielleicht, weil sie selber gerade Probleme haben.) Und Zweifel von anderen (»Glaubst du wirklich, daß du das schaffst???«) säen Zweifel ins eigene Herz und schwächen den Glauben an sich selbst.

4. Kapitel

Lob der Ordnung

Jedes Training erfordert ein bestimmtes Maß an Ordnung. Das bedeutet, daß Tätigkeiten in einem sinnvollen Rhythmus regelmäßig wiederholt werden. Ein Sportler weiß, daß er so und so viele Stunden täglich oder wöchentlich mit seinem Körper arbeiten muß, um Siege erringen zu können. Flötespielen erlernt man nicht an einem Tag, Autofahren nicht in einer Fahrstunde. Auch das Mentaltraining ist tatsächlich ein fortwährendes Training, also eine ständige Wiederholung von Tätigkeiten. Einmal Entspannung, einmal Atemübungen, einmal Autosuggestion nutzen wenig, obwohl durch das erste Mal eine Initialzündung ausgelöst werden kann – aber dann muß es weitergehen, um den Erfolg auch tatsächlich zu sichern.

All das hängt mit einem grundlegenden Naturgesetz zusammen, das sowohl auf der körperlichen als auch auf der seelisch-geistigen Ebene wirksam ist:

Jede Schwingung neigt dazu,
sich durch Wiederholung zu verstärken

Und ›Schwingung‹, das ist eigentlich alles im Leben: denken, reden, atmen, laufen, lieben, hassen, ... Ja, man könnte sogar sagen: Das Leben ist Schwingung. Dringt man in der Physik in immer tiefere Bereiche vor, so stößt man nämlich nicht etwa auf einen soliden ›Grundbaustein‹ allen Lebens, sondern auf Schwingungen! Die scheinbar feste Materie ist gar nicht fest, sie ist ein Tanz von Teilchen, sie ist reine Energie – eben Schwingung.

Die Verstärkung der Schwingung durch Wiederholung kennen wir alle, zumindest im Negativen! Wer trinkt, raucht, streßanfällig oder nervös ist, hat durch ständige – oft unbewußte – Wiederholung Schwingungen zu einem Grundmuster verdichtet. Deshalb ist es auch so schwierig, alteingefahrene körperliche oder geistige Gewohnheiten aufzugeben: Sie sind durch die meist langjährige Wiederholung sehr stark geworden – und weil sie jetzt so stark sind, werden sie durch die weitere Wiederholung immer stärker.

Aber lassen Sie sich nicht entmutigen. Sie können eine positive Gegenschwingung aufbauen. Zuerst wird sie noch schwach sein, sich kaum behaupten können gegen die starke alte Schwingung, aber sie wird immer stärker werden und von, sagen wir 1 auf 10, 20, 30 Prozent wachsen, dann ist sie bei 50 –, und bei 51 Prozent ist bereits der Umschlag da. Was zunächst ein Tropfen auf den heißen Stein war, ist jetzt der stetige Tropfen, der den Stein gehöhlt hat.

Kehren wir zurück zu unserem konkreten Vorhaben, dem Mentaltraining. Wenn Sie mit der praktischen Arbeit beginnen, nachdem Sie Ihre Ziele und Wünsche festgelegt haben, empfehle ich Ihnen folgendes:

1. Nehmen Sie sich nicht zuviel auf einmal vor. ›Trainieren‹ Sie lieber jeden Tag eine Viertelstunde lang als alle drei Monate sechs Stunden lang.
2. Schaffen Sie sich günstige äußere Umstände: Ziehen Sie sich zurück, achten Sie darauf, daß Sie nicht gestört werden können, weder durch ›Hereinplatzen‹ einer anderen Person noch durch Telefonläuten.

3. Achten Sie bei den körperlichen Übungen (Entspannen, Atmen) auf lockere Kleidung.
4. Legen Sie möglichst eine gleichbleibende Tageszeit fest (morgens, abends, Mittagspause), sonst haben Sie zu oft scheinbar Dringenderes vor.
5. Überlegen Sie, wo Sie die Zeit besser nutzen können. Man kann z. B. vor dem Einschlafen und kurz nach dem Aufwachen, beim Abspülen, in der Straßenbahn und beim Autofahren gut Autosuggestion betreiben.
6. Setzen Sie einen Tag, den Sie sich gut merken können (Geburtstag, Neujahr, Hochzeitstag) fest, bevor Sie mit dem Mentaltraining beginnen. Sie haben dann eine bessere Kontrolle über das, was Sie in einer bestimmten Zeitspanne geleistet haben. Feiern Sie diesen Tag, wenn Sie möchten. Gehen Sie essen, tanzen, ins Theater, kaufen Sie sich ein Geschenk, tun Sie, was immer Sie lieben, verwöhnen Sie sich selbst.

Freuen Sie sich über den Beginn eines neuen Lebens!

Mit einem einzigen Lächeln wird jede Rechnung bezahlt

Elvira (14) über die Welt von morgen

[illegible] des [illegible] Verlag [illegible] Rudolf [illegible]

[illegible]

[illegible]

[illegible] Zeitalter [illegible]

[illegible]

[illegible]

Mit einem [illegible]

[illegible]

Teil 2

Die Techniken des Mentaltrainings

Technik Nr. 1

Positives Denken

»Sie sind, was Sie denken«, von diesem grundlegenden geistigen Gesetz habe ich in diesem Buch schon gesprochen. Die Definition des positiven Denkens folgt direkt aus ihm:

**Positives Denken bedeutet,
in jeder Lebenssituation
die eigenen Gedanken und Gefühle
beharrlich auf das gewünschte Ergebnis
zu konzentrieren**

Auch auf die Gefahr hin, daß ich mich wiederhole, sage ich es noch einmal, weil es so wichtig ist: Unser ganzes Leben entwickelt sich von innen nach außen. Die Ereignisse und Umstände (berufliche Karriere, Liebesbeziehungen, Gesundheitszustand, Finanzsituation) werden im wesentlichen von unseren innersten Gedanken und Gefühlen bestimmt. Die Kombination aus Gedanken und Gefühlen ist der Glaube. Der Glaube ist es, der die Dinge verwirklicht, die Ideen und Vorstellungen aus unserem Innern in der äußeren materiellen Realität ›Fleisch werden‹ läßt. Dieser Glaube kann, wie es in der Bibel heißt, Berge versetzen!

Unsere Gedanken sind also eine Kraft, eine Energie, die in hohem Maße wirksam ist, ob wir nun davon wissen oder nicht.

Der Mensch denkt etwa fünfzigtausend verschiedene Gedanken am Tag. Nicht jeder ist so stark, daß er sich verwirklichen kann. Es kommt nämlich auf die Intensität der Gedanken an: Vage, verzettelte Gedanken bringen vage, verzettelte Ergebnisse. Starke, klare, oftmals wiederholte Gedanken bringen starke, klare Ergebnisse. Erfolg ist also nichts anderes als die Verwirklichung einer stark mit Energie geladenen Vorstellung.

Erfolg ist, was erfolgt –
Erfolg ist die Folge
Ihrer Gedanken und Vorstellungen

Das mag manchen in Erstaunen versetzen, sind doch viele Menschen der Meinung, daß Erfolg etwas Zufälliges, ›Ungerechtes‹ ist. Machen Sie ein für alle Mal Schluß mit dieser irrigen Ansicht. Sie selbst sind verantwortlich für Ihren Erfolg. Sie selbst können ihn herbeiführen und nur Sie selbst – weil nur Sie selbst über das dazu notwendige Mittel verfügen: die Macht Ihrer Gedanken.

Überraschenderweise geben viele Menschen, die von der einfachen und dabei durchschlagenden Wirkungsweise des positiven Denkens nichts wissen wollen, zu, daß negatives Denken zu negativen Ergebnissen führt. Diese Trennung ist jedoch unlogisch, denn es ist immer die gleiche Kraft, die wir einsetzen. Wir können sie positiv nutzen oder negativ. Positives Denken führt zum Erfolg – negatives auch. Denn Sie wissen ja: Erfolg ist ganz neutral, ist das, was erfolgt. Und so können Sie auch ›erfolgreich‹ erfolglos sein.

Auch wer nicht an die Kraft der Gedanken glaubt oder nichts von ihnen weiß, setzt diese Kräfte zur Steuerung seines Lebens ein, dann allerdings unbewußt. Es gibt wenige Menschen, die von Geburt an so positiv eingestimmt sind, daß sie, ohne die geringste Ahnung vom positiven Denken zu haben, positiv denken – und entsprechend glücklich sind sie auch, selbst wenn sie nicht wissen, warum. Gerade in unserer Zivilisation aber, die so viele Disharmonien schafft, gibt es wenige dieser Seligen. Die meisten Menschen schwanken zwischen positivem und negativem Denken hin und her und lassen sich nur allzu leicht zum Negativen herunterziehen. Für sie ist es von entscheidender Wichtigkeit, sich mit der Wirkungsweise der Gedankenenergien vertraut zu machen. Wer das ablehnt, zahlt einen hohen Preis: Er verzichtet darauf, durch den bewußten Einsatz des positiven Denkens mehr Leistung und Harmonie in sein Leben zu bringen und muß statt dessen in seinen trüben Allerweltsgedanken und ihren negativen Auswirkungen leben.

Sie gehören natürlich nicht zu diesen Menschen, denn Sie haben sich entschlossen, Ihrem Leben durch bewußten Einsatz der geistigen Energien, durch den beherrschten Gedanken, eine entscheidende Wende zu geben.

Gehen wir nun einen Schritt weiter. Ich möchte eine logische Folgerung aus dem eben Gesagten ziehen:

Positives Denken
ist auch positives Handeln

Unser Bewußtsein besteht aus zwei Teilen: dem sogenannten Tagesbewußtsein, in dem wir unsere Gedanken und Gefühle bewußt erleben. Dies stellt aber nur einen winzigen Teil dar. Ungefähr 90 Prozent unseres Bewußtseins sind unbewußt, sie stehen nicht bewußt zur Verfügung. Über diese 90 Prozent sind jedoch alle Menschen miteinander verbunden, sie bilden gewissermaßen den Ozean, in den wir alle eintauchen. Sobald hier – um es in der Computersprache auszudrücken – ein Programm gespeichert wird, wird es zugleich allen anderen Menschen gegenüber wirksam.

Ich will das etwas deutlicher machen: Nehmen wir an, im Unterbewußtsein eines Menschen ist das Programm »Keiner mag mich« gespeichert. Ohne daß es ihm überhaupt bewußt ist, strahlt er diese unbewußte Überzeugung aus, seine Umgebung empfängt diese Botschaft als Tatsachenbehauptung und damit sozusagen als die Aufforderung, sich so zu verhalten, daß dieses Programm bestätigt wird. So wird daraus im Unterbewußtsein der anderen: »Keiner mag ihn – also mag ich ihn nicht.«

Dieser unbewußte Informationsaustausch zwischen Menschen ist – oft verhängnisvoll – intensiv, und deshalb sollten Sie sich unbedingt soweit wie möglich bewußtmachen, welche negativen Programme bei Ihnen ›ablaufen‹. Denken Sie etwa über sich selbst:

- Ich bin dumm
- Ich bin nicht liebenswert
- Ich bin immer so allein
- Ich bin ein Versager
- Ich bin beruflich erfolglos
- Ich schaffe das nicht

Wahrscheinlich können Sie einmal gespeicherte Programme im Gehirn nicht wie in einem Computer vollkommen löschen – aber Sie können sie durch ein positives Programm sozusagen überlagern. Dazu möchte ich Sie mit einem weiteren geistigen Gesetz bekannt machen:

Das stärkere Programm ist wirksam.

Eine Schwingung, Überzeugung, Behauptung wird, wie ich es vorhin schon gesagt habe, durch Verstärkung, durch Wiederholung zum Tropfen, der den Stein höhlt.

Es ist für Sie also niemals zu spät zu speichern:

- Ich bin klug
- Ich bin liebenswert
- Ich habe harmonische Beziehungen zu anderen
- Ich bin beruflich erfolgreich
- Ich schaffe es

Sie werden bald die Erfahrung machen, daß Sie sich nicht nur selbst durch die beharrliche Umstellung Ihres Programms ändern, sondern daß Sie darüber hinaus auch andere Menschen in Ihren Erfahrungsbereich ziehen: Menschen, die mit Ihrem neuen Erfahrungsbereich übereinstimmen, die also glücklich, liebenswert und erfolgreich sind – genau wie Sie!

Jüngste Forschungen haben bestätigt, was geistige Sucher aller Zeiten intuitiv schon immer wußten: Daß unser Unterbewußtsein zwar grundsätzlich immer zu beeinflussen ist, daß es aber Bewußtseinszustände gibt, in denen man besonders empfänglich ist. Das ist die sogenannte Alpha-Ebene. Auf dieser Bewußtseinsebene sind wir entspannt, weil das Gehirn harmonische Alpha-Wellen produziert, bzw. produziert diese Entspannung die harmonischen Alpha-Wellen.

In der Hypnose zum Beispiel nutzt man diese Erkenntnis praktisch und kann dadurch entscheidende Änderungen in kürzester Zeit in der unbewußten Steuerung einer Persönlichkeit erreichen.

Sie müssen jedoch nicht unbedingt zum Hypnosetherapeuten gehen, Sie können sich auch selbst in diesen Zustand der direkten Beeinflußbarkeit des Unbewußten versetzen und so besonders effektiv positives Denken praktizieren. Wir kommen noch darauf zurück.

So entscheidend tatsächlich das positive Denken für Ihren Erfolg ist, vergessen Sie bitte nicht das positive Handeln darüber.

Damit meine ich nicht hektische, aufgeregte Aktivitäten, die ja doch nur der Angst vor Erfolglosigkeit entsprungen sind, sondern klare, gezielte Aktivitäten, die Sie Ihrem Ziel näherbringen.

Nehmen wir an, Sie möchten in Ihrer Firma befördert werden. Es wäre nicht klug, wenn Sie sich ausschließlich in der positiven Vorstellung übten, bereits einen bestimmten Posten erreicht zu haben, und im übrigen keinen Finger zu rühren.

Sie können und sollten zusätzlich aktiv werden, indem Sie sich entsprechend fortbilden, um sich für den besseren Posten zu qualifizieren, z. B. entsprechende Seminare besuchen, Fachbücher lesen, mit Kollegen über Ihre Arbeit sprechen usw.

Fritzchen wollte unbedingt Lotto-Millionär werden und betete inständig zu Gott, daß sein Wunsch in Erfüllung ginge. Eines Tages kam ein Donnergrollen vom Himmel, und eine tiefe Stimme sagte: »Fritzchen, gib mir eine Chance, kaufe dir doch wenigstens ein Los!«

Bitte nehmen Sie jetzt noch einmal einen Bleistift zur Hand und notieren Sie alle Handlungen, alle gezielten Aktivitäten, die Sie unternehmen können, um dadurch Ihre drei wichtigsten Wünsche der Verwirklichung ein Stück näherzubringen.

Das tue ich für meinen 1. Wunsch	Das tue ich für meinen 2. Wunsch	Das tue ich für meinen 3. Wunsch

Ich möchte Sie nun mit einigen Übungen vertraut machen, die Ihnen dabei helfen werden, ein ›Positiver Denker‹ zu werden und dadurch auch die entscheidende Grundlage zu legen für Ihren Wunsch, ein erfülltes, erfolgreiches Leben zu führen.

1. Übung Nehmen Sie ein Blatt Papier. Setzen Sie einen Zeitraum von 5 Minuten am Tag fest (z. B. 5 vor 12 bis 12 Uhr). Schreiben Sie an drei aufeinanderfolgenden Tagen möglichst lückenlos auf, was Sie innerhalb dieses Zeitraumes gedacht haben. Gratulieren Sie sich zu allen positiven Gedanken und ziehen Sie alle negativen Gedanken aus der Liste. Letztere schreiben Sie auf ein neues Blatt. Bitte seien Sie absolut ehrlich mit sich selbst.

2. Übung Ziehen Sie sich zurück, atmen Sie tief durch und schließen Sie für einen Augenblick die Augen. Dann öffnen Sie sie wieder und schauen sich die Liste Ihrer negativen Gedanken ganz ruhig an. Vermeiden Sie, sich selbst moralisch zu verurteilen. Sagen Sie sich ganz gelassen: »Ja, das bin ich. Das sind meine Gedanken.« Akzeptieren Sie einfach, was da steht, egal, was es ist. Wenn Sie einige Minuten lang so verfahren sind, werden Sie merken, daß eine große Ruhe über Sie kommt. Sie kämpfen nicht mehr gegen sich selbst. Sie akzeptieren sich!

3. Übung Stellen Sie sich vor, daß die kleineren Mißhelligkeiten, die in Ihren Aufzeichnungen stehen, leichte Federn sind. Setzen Sie sie in Ihrer Vorstellung auf Ihre linke Handfläche und pusten Sie sie weg! Die großen Konflikte Ihres Lebens, die Probleme, die ständig an Ihnen nagen, schreiben Sie auf die linke Seite der folgenden Tabelle. Auf die rechte Seite schreiben Sie mögliche positive Seiten dieser Probleme und welche Chancen diese Ihnen bieten könnten. Zum Beispiel: »Daß ich Schulden habe... spornt mich an, beruflich aktiv und kreativ zu werden.« Oder: »Daß ich meinen Job nicht mag... gibt mir die Chance, einen besseren zu suchen.« Oder: »Daß ich einsam bin... bietet mir die Möglichkeit, mich mit mir selbst auseinanderzusetzen, neu auf andere zuzugehen.« Also:

Daß ich . . .	spornt mich an / gibt mir die Chance . . .
1.	
2.	
3.	
4.	
5.	

Ich bin sicher, daß Sie große Erleichterung verspüren werden, wenn Sie diese Tabelle ausgefüllt haben.

4. Übung Schreiben Sie auf, welche positiven Eigenschaften Sie an sich sehen. Keine falsche Bescheidenheit! Lesen Sie sich diese Liste immer wieder mal durch und ergänzen Sie sie.

Ich finde wirklich positiv an mir:

5. Übung Denken Sie an eine Situation, die Ihnen Sorgen bereitet, Angst macht, an deren gutem Ausgang Sie zweifeln, obwohl Sie sich gut vorbereitet fühlen (ein Vorstellungsgespräch, eine Prüfung, eine private Auseinandersetzung, eine schwierige Geschäftsverhandlung). Beschließen Sie, ab sofort jeden negativen Gedanken in bezug auf diese Situation zu unterlassen. Stoppen Sie Ihren Gedankenfluß jedesmal augenblicklich, wenn Sie merken, daß Sie Gedanken des Zweifels und der Sorge ›wälzen‹. Denken Sie statt dessen konsequent in bezug auf diese Situation: *Ich schaffe es.* Wiederholen Sie diese Worte immer wieder, auch laut, das wirkt besonders überzeugend auf Ihr Unterbewußtsein. Sie verstärken die Wirkung dieser Übung beträchtlich, wenn Sie sich gleichzeitig den guten Ausgang der Situation bildhaft vorstellen. Sehen Sie also vor Ihrem inneren Auge, wie Sie z. B. eine Sektflasche auf Ihren Erfolg entkorken, wie man Ihnen gratuliert usw. Versuchen Sie, schon jetzt intensive Freude darüber zu empfinden. Wenden Sie diese Übung jedesmal bei einer angsterzeugenden Situation an.

Technik Nr. 2

Entspannung

Positives Denken und Tiefenentspannung bilden das Fundament des Mentaltrainings. Ohne diese beiden geistigen ›Techniken‹ sind die anderen unwirksam. Nachdem ich Sie mit Theorie und Praxis des positiven Denkens vertraut gemacht habe, wenden wir uns nun der Entspannung zu. Ich spreche im folgenden von ›Entspannung‹, obwohl eigentlich immer ›Tiefenentspannung‹ gemeint ist. Denn das, was so im Alltagsleben unter Entspannung verstanden wird – fernsehen, lesen, in der Kneipe sitzen –, will ich Ihnen natürlich nicht verleiden, aber Sie sollten es auch nicht mit der Mentaltechnik ›Entspannung‹ verwechseln. Die tiefe körperliche Entspannung bewirkt immer auch eine seelisch-geistige Erholung. Entspannung allein, ohne jede andere zusätzliche Technik, ist schon hochwirksam und wird in der Schulmedizin z. B. bei gesundheitlichen Leiden wie Nervosität, Bluthochdruck, Schlafstörungen, Kopfschmerzen und Magenleiden eingesetzt. Hierbei soll durch regelmäßiges Training das allgemeine Erregungsniveau verringert werden, das heißt, der Klient setzt seinen Körper nicht mehr in dauernde Alarmbereitschaft – die Ursache für viele gesundheitliche Störungen. Entspannungsverfahren sind aber auch notwendiger Bestandteil vieler Therapien beispielsweise der Hypnose, auf die ich noch zu sprechen kommen werde.

Der Zustand der tiefen Entspannung ist durch eine Verminderung der Aufmerksamkeit für Außenreize und eine abgeschwächte Sinneswahrnehmung gekennzeichnet. Die gesamte Aufmerksamkeit ist nach innen gerichtet, der entspannte Mensch spürt bewußt sich selbst. Körperlich treten im allgemeinen folgende Reaktionen auf: Verlangsamung und Verflachung der Atmung und damit eine Abnahme des Sauerstoffverbrauchs, Erschlaffung der Muskeln (Schwereempfinden), vermehrte Hautdurchblutung und Gefäßerweiterung (Wärmeempfinden), vermehrte Speichelabsonderung und verstärktes Schluckbedürfnis. Außerdem wird die Darmtätigkeit angeregt – das macht sich durch ›Gluckern‹ im Bauch bemerkbar. Der Blutdruck sinkt, die Pupillen verengen sich. Das Gehirn produziert sogenannte Alpha-Wellen, die einem Zustand zwischen Wachen und Schlafen entsprechen.

In der Entspannung kommt es zu einer Dämpfung des Sympathikus, dem Teil unseres vegetativen (unwillkürlichen) Nervensystems, der bei seiner Aktivierung, z. B. durch Streß, zu einer ›Alarmreaktion‹ führt. Hierbei werden alle Organe darauf vorbereitet zu ›kämpfen‹ oder zu ›fliehen‹, um den tatsächlichen oder nur eingebildeten Feind (diese Entscheidung kann von unserem Körper nicht getroffen werden) abzuwehren. Wir alle kennen die körperlichen Zeichen: den Anstieg des Blutdrucks, die Beschleunigung der Atmung, Herzklopfen, Schweißausbrüche. Bei der Entspannung nun wird der Gegenspieler des Sympathikus, der Parasympathikus, angesprochen. Die körperlichen Wirkungen wie Atemverflachung und Erschlaffung der Muskeln habe ich schon beschrieben.

Jeder Mensch braucht, um gesund und glücklich zu sein, die richtige und ausreichende Entspannung. Ein übermäßig verkrampfter und angespannter Körper wird früher oder später krank, ein Mensch, der immer unter Streß steht, fühlt sich nervös, gereizt, erschöpft, schlecht gelaunt. Seine Leistungen sinken ab, er wirkt unharmonisch. Sie können hier sehr genau die Wechselwirkung zwischen Körper, Seele und Geist beobachten. Entspannung also erfrischt Körper, Seele und Geist gleichermaßen und macht dadurch erst ein erfülltes Leben möglich.

Das Leben meistert man lächelnd
oder überhaupt nicht

Chinesische Weisheit

Ich möchte Sie nun mit zwei Grundtechniken der Entspannung bekannt machen.

1. Das Autogene Training

Das Autogene Training ist eine von J.H. Schultz um 1924 entwickelte Methode der Selbstentspannung. Es ist ein Verfahren, durch Autosuggestion, das heißt Selbstbeeinflussung, einen tief entspannten, hypnoseähnlichen Zustand herbeizuführen.

Schultz, der mit Hypnose arbeitete, beobachtete bestimmte körperliche Begleiterscheinungen im Anfangsstadium der Hypnose: das Erleben der Schwere, das durch die Entspannung der Muskulatur hervorgerufen wird, das Erleben der Wärme, das durch die Entspannung der Gefäßwände entsteht. Der wesentliche Unterschied zur Hypnose ist, daß Hypnose im eigentlichen Sinne immer Fremdhypnose ist (man wird also von einem anderen hypnotisiert), wohingegen Autogenes Training jeder selbst lernen und ausüben kann.

Das Autogene Training besteht aus der Grundstufe und aus der Oberstufe.

Die Grundstufe setzt sich zusammen aus:

- der Muskelentspannungs- oder Schwereübung
- der Wärmeübung
- der Herzübung
- der Atemübung
- der Bauchübung
- der Kopfübung

In der praktischen Anleitung werden Sie sehen, daß dies alles zusammen als eine Übung praktiziert wird.

Was bewirken nun die (nur theoretisch getrennten) Übungen? Die *Schwereübung* dient der Entspannung der willkürlichen Muskulatur: Die Muskeln erschlaffen. Die *Wärmeübung* dient der Entspannung der Gefäßmuskulatur: Es kommt zur Erweiterung der Blutgefäßmuskulatur, das heißt zur Erweiterung der Blutgefäße und somit zu einer besseren Durchblutung von Armen und Beinen. Die *Herzübung* verfolgt den Zweck, die Herztätigkeit als harmonisch der Tätigkeit des Organismus angepaßt zu empfinden. Das führt zu einer zusätzlichen Entspannung. Die *Atemübung* besteht lediglich in der Beobachtung der Atemtätigkeit, die Atmung wird nicht willentlich beeinflußt, sondern ganz sich selbst überlassen. Auch das führt zu einer weiteren Vertiefung der Entspannung. Die *Bauchübung* entspannt die sonst unwillkürlich arbeitenden Bauchorgane, besonders den Magen und den Darm. Gerade hier haben wir oft nervöse Verspannungen – sie sind uns gar nicht bewußt –, die zu gesundheitlichen Störungen führen (Gastritis, Magengeschwüre, Verstopfung). Bei vielen Menschen wird durch die Bauchübung ein Zustand tiefster Entspannung erreicht. Die *Kopfübung* dient der Hebung des allgemeinen Wohlbefindens, verbessert die

Konzentrationsfähigkeit und damit geistige und sportliche Leistungen.

Der Entspannungseffekt in der Grundstufe des Autogenen Trainings wird dadurch erzielt, daß Sie sich suggestiv die gewünschten Entspannungen formelhaft vorsprechen. Ein regelmäßiges Training, anfangs am besten zweimal täglich, ist Voraussetzung dafür, daß sich die Tiefenentspannung tatsächlich in Ihrem Körper ›herumspricht‹.

Und dies sind einige der Wirkungen des konsequent betriebenen Autogenen Trainings:

- Sie entwickeln ein Gefühl der Gelassenheit gegenüber äußerlichen Aufregungen
- Sie sind insgesamt ruhiger und haben weniger Ängste
- Sie schlafen besser
- Ihre Gedächtnisleistung wird gesteigert
- Sie arbeiten effektiver
- Sie können sonst unwillkürliche Körperfunktionen, wie z. B. das Herz-Kreislauf-System, selbst regulieren
- Sie können Schmerz lindern oder diesen sogar ganz abstellen
- Ihre Selbstkontrolle und Ihre Selbstkritikfähigkeit nimmt zu
- Sie beeinflussen eine Reihe von psychosomatischen Krankheiten und Störungen günstig, wie Asthma, Magengeschwüre, Schilddrüsenüberfunktion, Durchblutungsstörungen, Konzentrationsschwäche, Kopfschmerzen, Streß, Sucht und Abhängigkeit (z. B. Rauchen), Hormonstörungen, Störungen der Stütz- und Bewegungsorgane
- Auch bei der Geburtshilfe ist Autogenes Training nützlich.

Im Zweifelsfalle fragen Sie bitte Ihren Arzt.

Bei der Oberstufe des Autogenen Trainings handelt es sich um eine Wachtraumtechnik. Im entspannten Versenkungszustand läßt der Übende Bilder vor seinem geistigen Auge auftauchen, wobei sich diese Bilder ganz von selbst entwikkeln, oft zu einem inneren ›Film‹ werden. Hier bestehen enge Verbindungen zu anderen Imaginationstechniken, über die wir noch sprechen werden, z. B. zum Katathymen Bilderleben.

Grundstufe Autogenes Training

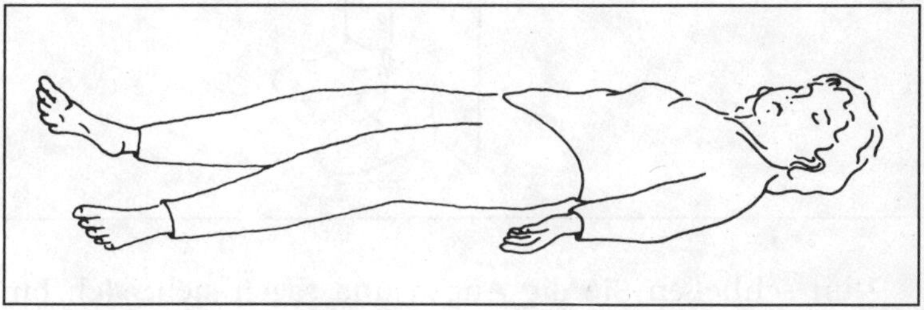

Übung 1 Setzen oder legen Sie sich bequem (lockere Kleidung) in einen leicht abgedunkelten Raum, in dem Sie nicht gestört werden.

Neben der entspannten Rückenlage, bei der die Beine leicht geöffnet sind und die Zehenspitzen auseinander fallen (siehe obige Zeichnung), hat sich auch der sogenannte Droschkenkutschersitz bewährt: Hier setzen Sie sich so auf einen Stuhl, daß der Rücken ein Stück von der Lehne entfernt ist. Lassen Sie sich nun entspannt zusammensinken, wobei die Unterarme auf die nicht aneinandergestellten Oberschenkel gestützt sind. Lassen Sie die Hände und den Kopf schlaff herabhängen, der Rücken ist in dieser Haltung gekrümmt.

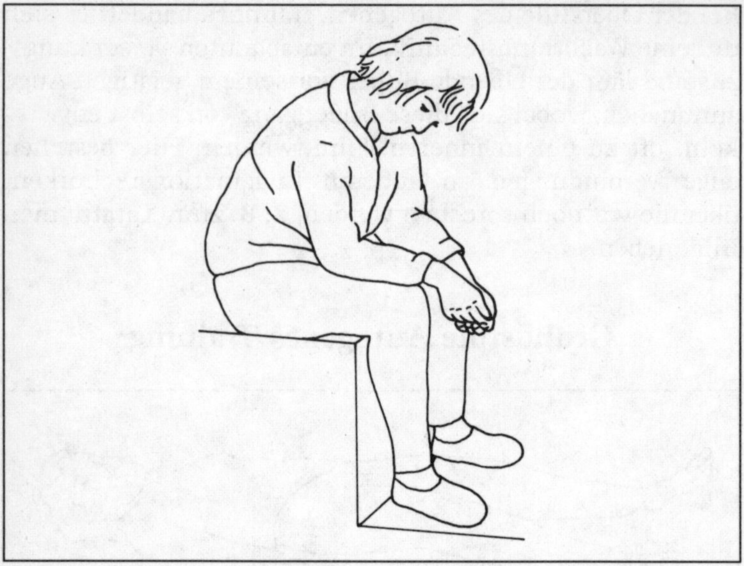

Nun schließen Sie die Augen und sagen sich: »Ich bin ganz ruhig.« Diesen Satz wiederholen Sie innerlich mehrere Male und fahren dann fort mit der Formel: »Arme und Beine sind ganz schwer.« Danach folgt: »Arme und Beine sind ganz warm.« Dann: »Das Herz schlägt ruhig und kräftig.« Danach: »Atmung ganz ruhig« oder: »Es atmet mich.« Es folgt die Formel: »Mein Bauch ist warm durchströmt« oder: »Das Sonnengeflecht ist strömend warm«. Zum Schluß die Formel: »Mein Kopf ist angenehm kühl.«

Die Zurücknahme der Entspannung folgt immer in der gleichen Weise: »Arme fest!« (Arme werden mehrmals fest gebeugt und gestreckt) – »Tief einatmen!« (mehrmaliges tiefes Durchatmen) – »Augen auf!«

Die Beherrschung der Grundstufe des Autogenen Trainings ist außerordentlich wichtig für Ihr erfolgreiches Mentaltraining. Sollten Sie das Gefühl haben, alleine nicht zurechtzukommen, lassen Sie sich von Ihrem Arzt oder einem Hypnosetherapeuten helfen. Auch in Gesundheitszentren und Volkshochschulen werden laufend Kurse für Autogenes Training angeboten.

Die Oberstufe des Autogenen Trainings ist im Ablauf nicht so genau festgelegt wie die Unterstufe. Ich gebe in der Übung 2 also eher ein Beispiel, wie eine solche Übung ablaufen könnte.

Oberstufe Autogenes Training

Übung 2 Sie begeben sich, wie Sie es in der Grundstufe gelernt haben, in tiefe Entspannung. Versuchen Sie nun, sich mit geschlossenen Augen auf eine Farbe zu konzentrieren. Die Farbe, die immer wieder auftaucht, wird als Eigenfarbe bezeichnet (lesen Sie dazu später das Kapitel über Farbtherapie). Stellen Sie sich nun konkrete Gegenstände plastisch vor, z. B. eine Blume oder ein Tier. Ist Ihnen das gelungen, versuchen Sie sich ein inneres Bild von ›abstrakten‹ Gefühlen zu machen. Zum Beispiel: Wie sehen Liebe und Haß aus? Welche Farbe und welche Form haben sie? Seien Sie nicht entmutigt, wenn Ihnen das nicht sofort gelingt. Konzentrieren Sie sich nun auf die Vorstellung bestimmter Personen, ›betrachten‹ Sie alle Einzelheiten der Kleidung, der Haarfarbe, der Figur usw. Der nächste gedankliche Inhalt sind existentielle Fragen an Ihr Unterbewußtsein. Sind Sie z. B. verwirrt und niedergeschlagen und wissen nicht so recht warum, können Sie fragen: »Welches Problem habe ich?« Oder, falls Sie einen scheinbar unlösbaren Konflikt mit sich herumtragen und keinen Ausweg mehr sehen, fragen Sie: »Welche Lösung gibt es für meinen Konflikt?« In der letzten Phase der Oberstufe des Autogenen Trainings kommt es zu formelhaften Vorsatzbildungen, wie wir sie etwa bei der ersten Technik ›positives Denken‹ kennengelernt haben und im Kapitel ›Autosuggestion‹ noch eingehend besprechen werden. Beispiele dafür: »Ich werde die Prüfung mit Leichtigkeit schaffen« oder »Zigaretten sind mir völlig gleichgültig«. Auch am Ende der Oberstufe des Autogenen Trainings steht immer die Zurücknahme: »Arme fest! Tief einatmen! Augen auf!«

2. Die Progressive Muskelrelaxation

Die Methode der Progressiven Muskelrelaxation (fortschreitende Muskelentspannung) wurde 1938 von E. Jacobsen entwickelt. Dieses Entspannungstraining geht auf die Annahme Jacobsens zurück, daß bei Spannungsgefühlen wie Angst, Wut, Streß ein Zusammenziehen der Muskeln stattfindet. Bei der fortschreitenden Muskelentspannung wird nun durch eine aufeinanderfolgende Anspannung der Muskulatur mit erhöhter Zusammenziehung eine zunehmende Entspannung verschiedener Muskelgruppen erreicht. Das klingt paradox, doch die vorherige übertriebene Anspannung ermöglicht es erst, die nachfolgende Entspannung deutlich wahrzunehmen. Der Nutzen dieser Technik besteht darin, daß der allgemeine Muskeltonus (die Muskelspannung) verringert und so auch der Sympathikus gedämpft wird, was wiederum die schon beim Autogenen Training genannten Wirkungen wie Atemverflachung und Verringerung der Herzfrequenz hat. Ziel dieser Technik ist es, durch die Entspannung jedes – oft unbewußte – angestrengte Streben aufzulösen, ein körperlich-seelisches Nichtstun zu erreichen. Gerade in diesem ›Nichtstun‹ können sich dann viel bedeutendere geistige Kräfte entfalten als bei einer ermüdenden Anspannung des Willens.

Übung 1 Ballen Sie die rechte Hand für fünf bis sechs Sekunden mit aller Kraft zur Faust und öffnen Sie diese wieder. Wiederholen Sie das dreimal und beobachten Sie dabei die Empfindungen in der Hand (Kribbeln, Wärmegefühl).

Übung 2 Sitzen oder stehen Sie aufrecht und heben Sie die Schultern hoch ›bis zu den Ohren‹. Bleiben Sie einige Sekunden in dieser Haltung und lassen Sie dann die Schultern locker fallen. Wiederholen Sie dasselbe dreimal.

Und nun kommen wir zur vollständigen Übung der Muskelentspannung des ganzen Körpers.

Übung 3 Legen Sie sich in die entspannte Rückenlage oder nehmen Sie die Droschkenkutscherhaltung ein (s. Abb. S. 60 im Abschnitt über Autogenes Training). Achten Sie bitte darauf, daß im folgenden die Anspannung der Muskeln nur wenige Sekunden andauern sollte, die Entspannung dagegen 15 bis 20 Sekunden beanspruchen soll. Entspannen Sie sich, so gut es geht, lockern Sie die Schulter- und Nackenmuskulatur und die Muskeln im Gesicht (Kiefer!). Sie sind ganz ruhig und entspannt. Nun ballen Sie die rechte Hand zur Faust, fest, ganz fest, noch fester. Jetzt lösen Sie die Faust. Nun ballen Sie Ihre linke Hand zur Faust, fest, ganz fest, noch fester. Jetzt lösen Sie die Faust. Nun ballen Sie beide Hände zugleich zu Fäusten, fest, ganz fest, noch fester, halten Sie die Spannung. Nun öffnen Sie Ihre Finger wieder und achten auf das angenehme Gefühl der Entspannung.

Nun strecken Sie Ihren rechten Arm ganz fest von sich weg und halten die Spannung. Entspannen Sie wieder und spüren Sie der langsam entweichenden Spannung genau nach. Jetzt spannen Sie ganz fest Ihren linken Arm an, noch fester. Nun lösen Sie wieder die Spannung. Sie sind ganz ruhig und entspannt. Nun strecken Sie beide Arme ganz fest und halten Sie die Spannung. Entspannen Sie wieder und genießen Sie das angenehme Gefühl.

Spannen Sie Ihren rechten Fuß an, strecken ihn und lösen die Spannung wieder. Nun strecken Sie den linken Fuß und entspannen ihn wieder. Jetzt spannen Sie beide Füße ganz fest an und entspannen sie wieder. Achten Sie auf das wohlige Gefühl, das der Entspannung folgt.

Nun spannen Sie Ihr rechtes Bein an, ganz fest, und entspannen wieder. Nun spannen Sie Ihr linkes Bein an, ganz fest, und entspannen es wieder. Jetzt spannen Sie beide Beine an, fest, noch fester. Nun lösen Sie die Spannung Ihrer Beine und genießen die allmähliche Entspannung. Ballen Sie noch einmal beide Hände zur Faust, spannen Sie zugleich beide Arme und Beine fest an und halten Sie den Atem an. Versuchen Sie, die Spannung zu halten. Nun lösen Sie alle Spannung und spüren, wie sie langsam aus dem Körper entweicht. Sie genießen dieses Gefühl und sind vollkommen ruhig und entspannt. Öffnen Sie Ihre Augen, atmen Sie tief durch, räkeln und strecken Sie sich ausgiebig, bevor Sie aufstehen.

Übung 4 In einer beliebigen Alltagssituation (im Büro, in der Straßenbahn, in der Schlange vor der Kasse im Supermarkt usw.) spannen Sie in der eben gelernten Weise einzelne Muskelpartien, die gerade ›frei‹ sind, an und entspannen sie wieder, z. B. Hände, Füße, Schultern, Kieferpartie. Gewöhnen Sie sich an, das immer zu tun, wenn Sie sich in bestimmten Muskelpartien verkrampft fühlen.

Ich möchte Ihnen nun noch drei Entspannungsübungen vorstellen, die nicht zum klassischen Repertoire des Autogenen Trainings oder der Progressiven Muskelrelaxation gehören, aber mit beiden Techniken verwandt sind.

Übung 5 Begeben Sie sich in eine entspannte Körperhaltung und schließen Sie die Augen. Stellen Sie sich vor, auf einer Rolltreppe langsam tiefer und immer tiefer zu fahren. Alle störenden Gedanken bleiben am Anfang der Rolltreppe zurück. Je weiter abwärts Sie mit der Rolltreppe fahren, desto freier, ruhiger und gelöster werden Sie.

Übung 6 Begeben Sie sich in eine entspannte Körperhaltung und stellen Sie sich einen Ort vor, den Sie als besonders entspannend und erholsam empfinden, zum Beispiel eine Lichtung im Wald, eine Bergwiese, einen Meeresstrand. Sie befinden sich nun an diesem Ort und haben eine größere Anzahl bunter Luftballons bei sich. Blasen Sie nun einen Luftballon nach dem anderen auf und lassen Sie ihn in die Luft steigen. Stellen Sie sich dabei vor, daß Sie alle störenden Gedanken, Sorgen und Unannehmlichkeiten in diese Luftballons blasen und diese Gedanken in den Luftballons davonfliegen. Wenn Sie das Gefühl haben, alles weggeblasen zu haben, legen Sie sich auf den Boden an Ihrem Entspannungsort und spüren Sie ganz intensiv die ruhige, erholsame Atmosphäre (je nachdem, das Meeresrauschen, das Vogelgezwitscher, das Rieseln eines Baches usw.). Nehmen Sie die Entspannung wie beim Autogenen Training wieder zurück: »Arme fest! Tief einatmen! Augen auf!«

Übung 7 Begeben Sie sich in eine entspannte Körperhaltung in einem licht- und geräuscharmen Raum und achten Sie darauf, daß Sie nicht gestört werden. Entspannen Sie sich, so gut es geht, schließen Sie die Augen und lenken Sie Ihre gesamte Aufmerksamkeit auf Ihren rechten Arm. Wandern Sie im Geiste ganz bewußt hinunter zu Ihrer rechten Hand, konzentrieren Sie sich nacheinander auf alle Finger. Machen Sie nun das gleiche bei Ihrem linken Arm, der linken Hand. Gehen Sie dann zu den Schultern, dem Nakken, dem Kopf, der Gesichtsmuskulatur, dem Rücken, zur Brust, zum Bauch, zum Unterleib, zum Gesäß, zum rechten Bein, rechten Fuß, zum linken Bein und dem linken Fuß. Tun Sie nichts anderes, als sich geistig auf Ihre Körperteile und Organe zu konzentrieren, sich ihnen positiv zuzuwenden. Beziehen Sie besonders Körperteile oder Organe ein, die Ihnen Beschwerden verursachen. Zum Schluß nehmen Sie wieder zurück: »Arme fest! Tief durchatmen! Augen auf!«

Technik Nr. 3

Atmen

Sie atmen in jedem Augenblick Ihres Lebens, ob es Ihnen nun bewußt ist oder nicht. Die Atmung ist ein rhythmischer Vorgang, bei dem sich der Brustkorb ausdehnt und wieder zusammenzieht. Sie dient der Versorgung des ganzen Organismus mit Sauerstoff (Einatmung) und zugleich der Entschlackung, denn durch das Ausatmen wird der Körper von Kohlendioxyd und anderen Abfallprodukten des Stoffwechsels gereinigt.

Normalerweise wird unser Atem im Wachen und während des Schlafes durch das Atemzentrum, das im verlängerten Rückenmark und im Hirnstamm gelegen ist, gesteuert. Das Atemzentrum stellt sicher, daß wir selbst unter extremen seelischen und körperlichen Belastungen sowie im Schlaf, ja sogar unter Narkose, automatisch die Atembewegungen ausführen. Das ist ein so selbstverständlicher Vorgang, daß sich die meisten Menschen dieses ›Wunders‹ wahrscheinlich gar nicht bewußt werden. Im allgemeinen werden wir nur dann auf unseren Atem aufmerksam, wenn sich der Rhythmus unwillkürlich verändert, was bei starken Gefühlen (Angst, Wut) oder körperlichen Anstrengungen geschieht.

Die Lunge ist das zweitgrößte Organ unseres Körpers, nur die Haut, die ebenfalls als Organ angesehen wird, ist noch größer. Die eigentliche Atmung findet jedoch nicht in der Lunge statt, sondern in den Zellen. Dorthin transportiert das Blut den Sauerstoff, und hier wird durch einen verbrennungsähnlichen Vorgang Energie freigesetzt.

Je tiefer wir atmen, desto besser ist auch die Verbrennung – und desto weniger Schlackenstoffe fallen dabei an, die wiederum vom Blut um so leichter abtransportiert werden können.

**Je besser Sie atmen,
desto frischer und gesünder
bleiben die Zellen Ihres Körpers –
also Sie**

Was ist nun aber eigentlich eine richtige, gesunde Atmung? Die gesündeste ist die Zwerchfellatmung, die sich auf Organe wie Lunge, Herz, Nieren, Leber, Magen, Milz, Harnblase, Bauchspeicheldrüse, Gallenblase und die Drüsen auswirkt. Eine gesunde Atmung füllt den gesamten Brust- und Bauchraum vom Zwerchfell bis in die Schultern. Ein gestörter Atem – flach, nur im oberen Brustraum und in den Schultern – ist ein Hinweis auf ein gestörtes körperliches und seelisches Gleichgewicht. Ein Mensch, der flach atmet, hat den Kontakt zu seinen innersten Gefühlen unterbrochen. Er blockt ab, weil es zu weh täte, sich diese meist schmerzhaften Gefühle bewußtzumachen. Beobachten Sie sich einmal selbst: Wenn Sie Angst haben, erschrokken sind oder etwas nicht wahrhaben wollen, halten Sie oft ganz automatisch kurz den Atem an. Umgekehrt können durch die Vertiefung und Hinwendung zum Atem verdrängte Gefühle wieder bewußtgemacht und dadurch eine Heilung erzielt werden. Dieses Wissen macht sich die Atemtherapie zunutze.

Ein Mensch, der nicht richtig atmet, hat sich aber nicht nur von sich selbst abgeschnürt, er hat auch eine gestörte Verbindung zu der allgemeinen Lebensenergie, die wir durch die Atmung aufnehmen. Die Inder nennen diese Summe aller im Universum vorhandenen Energien ›Prana‹. Dem Prana verdanken wir unser Sein, und je mehr wir uns durch eine richtige Atmung dieser Lebensenergie öffnen, desto harmonischer werden wir uns fühlen, weil wir im Einklang mit dem kosmischen Rhythmus von Geben und Nehmen sind.

Einatmen – Ausatmen

Einatmen ist Leben, ist nehmen, aktiv sein, anspannen – ausatmen ist vergehen, hingeben, entspannen.

Übung 1 Setzen Sie sich aufrecht mit gestrecktem Rückgrat oder legen Sie sich in entspannter Rückenlage auf eine harte Unterlage (Teppichboden). Atmen Sie ganz zwanglos, so wie Sie es immer tun.

Beobachten Sie dabei: Was fällt Ihnen schwerer: das Einatmen oder das Ausatmen?

Wer das Gefühl hat, daß ihm das Einatmen schwerer fällt, blockiert seine Lebenskraft, er läßt seiner Kreativität nicht genügend Spielraum; er hat Angst, an seine Umwelt selbstbewußt Forderungen zu stellen. Oft sind Minderwertigkeitsgefühle und ein gewohnheitsmäßiges ›Sich-klein-Machen‹ damit verbunden.

Wem das Ausatmen schwerer fällt, hält an Abgelegtem, Verbrauchtem und Vergangenem fest. Er ist übermäßig willentlich angespannt und hat Angst, loszulassen.

Das Einatmen und das Ausatmen in ein harmonisches Gleichgewicht zu bringen, ist Ziel aller Atemübungen.

Übung 2 Legen Sie sich auf eine harte Unterlage in entspannter Rückenlage und atmen Sie tief in den Bauchraum hinein. Achten Sie darauf, daß sich beim Einatmen die Bauchdecke nach oben wölbt, beim Ausatmen hingegen wieder zusammenzieht. Atmen Sie so entspannt wie möglich, ohne zu ›pressen‹ oder ihren Atem zu beeinflussen. Denken Sie dabei: »Es atmet mich.«

Diese Atemübung entspannt ganz allgemein, wirkt aber auch krampflösend und darüber hinaus schmerzlindernd bei Unterleibsbeschwerden, deshalb ist sie besonders Frauen zu empfehlen.

Übung 3 Legen Sie sich in entspannter Rückenlage auf eine harte Unterlage und atmen Sie tief und völlig entspannt in den Bauchraum. Denken Sie bei jedem Einatmen: »Ich atme Entspannung ein« und bei jedem Ausatmen: »Ich atme Spannung aus.«

Das harmonische Gleichgewicht von Einatmen und Ausatmen, der zwanglos fließende oder, wie er auch oft genannt wird, der ›verbundene‹ Atem oder die rhythmische ›Vollatmung‹ ist das Kernstück jeder Arbeit mit der Atmung.

Übung 4 Legen Sie sich in entspannter Rückenlage hin. Atmen Sie tief, aber niemals gepreßt in den Bauchraum. Wenn sich beim Einatmen die Bauchdecke wölbt und sie beim Ausatmen flach wird, machen Sie es richtig. Stellen Sie sich vor, daß Ihr Einatmen eine anrollende Meereswelle ist. Die Wende vom Einatmen zum Ausatmen ist der Augenblick, in dem die Welle bricht. Das Ausatmen stellen Sie sich als Zurückfließen der Welle ins Meer vor. Eine neue Welle bildet sich, bricht, fließt wieder zurück ins Meer... Reihen Sie so Welle an Welle. Sie werden spüren, daß diese Vorstellung ein starkes Gefühl der Entspannung und Geborgenheit vermittelt, ja, Sie geradezu in Trance versetzen kann.

Übung 5 Setzen Sie sich mit gestreckter Wirbelsäule am besten im Schneidersitz auf den Boden. Legen Sie die Hände mit den Handflächen nach oben in den Schoß und beginnen Sie tief und gleichmäßig bis in das Becken hinein zu atmen, jedoch ohne dabei den Atem willentlich zu lenken. Stellen Sie sich dabei vor, daß beim Einatmen der Luftstrom vom Beckenboden die Wirbelsäule hochsteigt, an Ihrem Scheitel umkippt und beim Ausatmen im Bogen vor Ihnen niederfällt. Am Beckenboden beginnt dann wieder die Einatmung aufzusteigen.

Beobachten Sie dabei: Ist Ihr Atemfluß wirklich eine schöne, gebogene Ellipse?

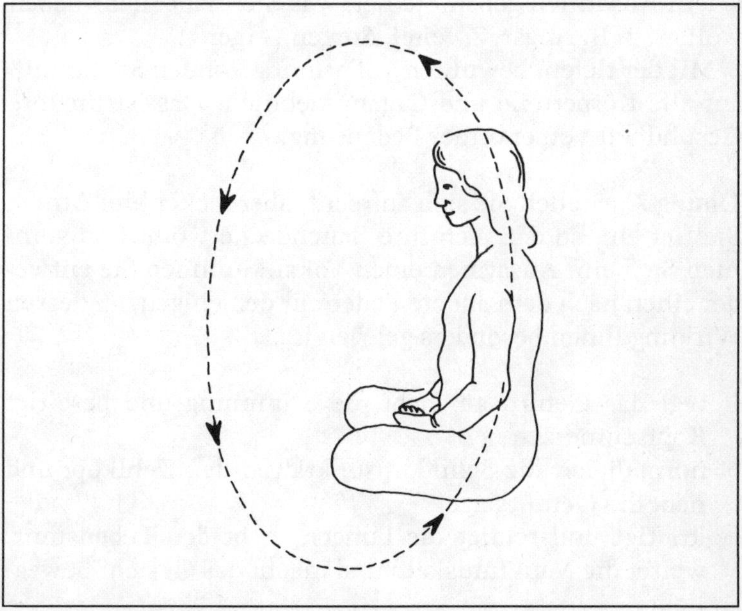

Sie werden bald feststellen, daß Sie durch bewußtes Atmen Ihren Körper besser kennenlernen, mehr körperliches Selbstbewußtsein bekommen. Besonders, wenn Sie sich den Atem als ewige Quelle der Lebensenergie vorstellen, zu der Sie unbegrenzt und zu jeder Zeit Zugang haben, wird Sie ein Gefühl der Sicherheit überkommen. Denn Sie wissen jetzt: Ihre Lebenskraft können Sie sich selbst holen, Sie können sich immer wieder stärken, wenn Sie einmal geschwächt sind. Atmen ist Selbst-Heilung, körperliche, seelische und geistige.

Übung 6 Legen Sie sich in die entspannte Rückenlage und atmen Sie tief und locker. Stellen Sie sich bei jedem Einatmen vor, daß Sie das in sich aufnehmen, was Sie gerne haben möchten: z. B. Gelassenheit, Mut, Zuversicht. Bei jedem Ausatmen geben Sie her, was Sie nicht mehr haben wollen: z. B. Angst, Zweifel, Sorgen, Ärger.

Mit der tiefen, bewußten Vollatmung können Sie Einfluß auf alle Körperteile und Organe nehmen. Das ist für Ihre Gesundheit von enormer Bedeutung.

Übung 7 Stellen Sie sich aufrecht, aber locker hin. Atmen Sie tief ein, so daß sich Ihre Bauchdecke wölbt und summen Sie beim Ausatmen einen Vokal. Summen Sie entweder einen nach dem anderen oder nur denjenigen, an dessen Wirkung Ihnen besonders gelegen ist.

i regt das Gehirn an, hebt die Stimmung und beseitigt Kopfschmerzen
e normalisiert die Schilddrüse, kräftigt den Kehlkopf und hebt die Gemütslage
a kräftigt und reinigt die Lungen, hebt den Lebensmut, weitet die Mundmuskeln und macht das Gesicht beweglicher

o stärkt das Herz
u fördert die Verdauung und erhöht den Blutdruck
ö massiert das Zwerchfell
ü regt die Nieren an

All diese Wirkungen stellen sich jedoch erst nach mehrmaliger Wiederholung ein.

Hier nun eine Übung, die Ihnen immer dann hilft, wenn Sie an einer Stelle Ihres Körpers verkrampft sind oder Schmerzen haben:

Übung 8 Am besten legen Sie sich in die entspannte Rückenlage. Sollten Sie dazu keine Gelegenheit haben, aber sofort etwas gegen Ihre Beschwerden tun wollen, setzen Sie sich entspannt hin und schließen Sie die Augen. Stellen Sie sich nun vor, Ihr Atem wäre pure, heilende Energie. Wenn es Ihnen leichter fällt, können Sie sich ein konkretes Bild machen, z. B. weißes, fließendes Licht oder funkelnder Goldregen. Lenken Sie nun Ihre Aufmerksamkeit auf jenen Körperteil, der Ihnen Beschwerden verursacht. Stellen Sie sich vor, daß Sie die heilende Energie dort ›hinatmen‹, so als wäre sie etwas ganz Materielles. Malen Sie sich aus, wie der Atemstrom in diesen Körperteil fließt und heilende Prozesse in Gang setzt. Atmen Sie ganz gelassen, ohne in eine bestimmte Richtung zu pressen. Es ist wirklich erstaunlich, wie stark vor allem körperliche Störungen, die durch Verkrampfungen verursacht werden (z. B. Unterleibsschmerzen, Kopfweh, Kreuzschmerzen, Verspannungen im Schulter-Nacken-Bereich), merklich positiv beeinflußt werden.

Bisher habe ich nur Atemübungen beschrieben, die den Atem frei und natürlich fließen lassen. Es gibt auch eine Reihe von Übungen, die mit dem ›gelenkten‹ Atem arbeiten. Vor allem Yoga hat diese Richtung kultiviert. Die meisten dieser Techniken sollten unter persönlicher Anleitung erlernt werden, weil sich sonst Fehler einschleichen können. Ich möchte Sie aber mit einer Übung bekannt machen, die Sie leicht selbst erlernen können. Die ›wechselseitige Nasenatmung‹ entspannt ganz allgemein, beruhigt das Nervensystem, hilft gegen Schlaflosigkeit, lindert Kopfschmerzen und beseitigt darüber hinaus depressive Verstimmungen.

Übung 9 Setzen Sie sich mit aufrechtem Oberkörper auf den Boden in den Schneidersitz. Falls Ihnen das zu anstrengend ist, knien Sie sich hin und setzen sich dann auf Ihre Fersen. Wichtig ist, daß das Rückgrat ganz gestreckt ist. Schließen Sie die Augen und konzentrieren Sie sich, so gut es geht, auf den Punkt zwischen den Augenbrauen. Heben Sie nun die rechte Hand und verschließen Sie mit dem Ringfinger dieser Hand das linke Nasenloch. Atmen Sie jetzt tief durch das rechte Nasenloch ein und zählen Sie dabei im Sekundenrhythmus bis vier (eins und zwei und drei und vier). Jetzt verschließen Sie mit dem Daumen auch noch das rechte Nasenloch und halten den Atem wieder 4 Sekunden lang an.

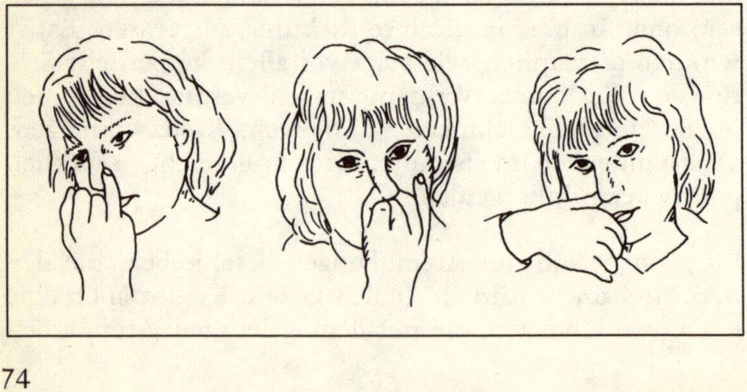

Öffnen Sie nun das linke Nasenloch und atmen Sie 8 Sekunden lang aus. Atmen Sie durch das gleiche, also das linke Nasenloch ein und zählen Sie dabei bis vier. Verschließen Sie jetzt mit dem Ringfinger auch das linke Nasenloch und halten Sie den Atem 4 Sekunden lang an. Jetzt atmen Sie durch das rechte Nasenloch 8 Sekunden lang aus, und so weiter. Wiederholen Sie diesen Turnus einige Minuten lang, ideal wären 10 Minuten.

Das hört sich komplizierter an, als es ist. Wenn Sie es ausprobieren, werden Sie sicherlich keinerlei Schwierigkeiten haben.

Ich habe Sie nun mit einigen Atemübungen bekannt gemacht, aber natürlich gibt es außer diesen noch unendlich viele mehr. Doch wichtiger ist es, daß Sie sich einige wenige konsequent zu eigen machen, als ständig nach neuen zu suchen.

Zum Schluß noch ein kleiner Tip: Achten Sie doch einmal in Ihrem Alltag, bei jeder beliebigen Tätigkeit, ein-, zweimal am Tag, ganz bewußt auf Ihren Atem. Fahren Sie mit der Tätigkeit, mit der Sie gerade beschäftigt sind, fort und verändern Sie Ihren Atem nicht.

Nehmen Sie ihn nur wahr. Diese Augenblicke des ›Selbstbewußtseins‹ bringen Sie immer wieder in Verbindung mit Ihrem inneren Wesen und lassen Sie Äußerlichkeiten nicht mehr so wichtig nehmen.

Der Langsamste,
der sein Ziel nur nicht aus den Augen verliert,
geht immer noch geschwinder als der,
der ohne Ziel herumirrt

Lessing

Technik Nr. 4

Meditation

Meditation ist eine der ältesten geistigen Praktiken der Menschheit. Das Wort kommt aus dem Lateinischen und bedeutet ›nachdenken‹, ›versenken‹. Sicher sind Ihnen, auch wenn Sie noch nie bewußt meditiert haben, spontan auftretende meditative Stimmungen nicht unbekannt: das Starren in verglimmendes Feuer, Musik genießen, den Rhythmus des Meeresrauschens auf sich wirken lassen, stundenlang aus einem Zugfenster schauen... In einer reizarmen, ruhigen Umgebung, in der freien Natur, entstehen diese Stimmungen häufiger als in hektischen Großstädten oder bei der Büroarbeit. Gerade deshalb ist es wichtig, Meditation als Technik einzuüben.

Es gibt Hunderte von Praktiken, die alle unter den Begriff ›Meditation‹ fallen. Allen gemeinsam ist die vertiefende, innere Betrachtung bei weitgehender Abschaltung äußerer Reize. Es wird ein Zustand freischwebender Aufmerksamkeit hervorgerufen, in dem rationales Denken vermieden und der ›innere Monolog‹ soweit wie möglich abgeschaltet wird. Der Meditierende ist völlig von seinem Meditationsgegenstand gefesselt, ja er verschmilzt geradezu mit ihm. Dieses Verschmelzen wird manchmal als große Lust, als Ekstase erfahren.

Sobald die Außenwelt für einen Menschen nicht mehr existiert, ist er völlig ›zentriert‹, das heißt, er befindet sich in einem vollkommenen inneren Gleichgewicht, in seiner inneren Mitte. Nichts kann ihn mehr ›aus der Fassung‹ bringen. Man kann Meditation auch als Einübung in die Stille bezeichnen. Diese Stille drückt sich im ganzen Menschen aus: Der Körper wird unbewegt und entspannt, der seelische Zustand ist Gelassenheit, und der Geist kommt mit seinen ›Mückenschwärmen‹ von Gedanken zur Ruhe. (Das ist am schwierigsten!) Der Mensch ist ausgerichtet auf das Überpersönliche, auf die Autonomie des Geistes, und es bleibt der jeweiligen Religion oder Weltanschauung überlassen, dieser Instanz einen Namen zu geben.

In der Meditation befinden Sie sich in einem Zustand zwischen Aktivität und Passivität, zwischen willentlicher Konzentration und schlafähnlichem ›Sich-Gehenlassen‹. Alle meditativen Techniken versuchen, die Kontrolle über Körpervorgänge allein durch die Vorstellung zu gewinnen.

Genaugenommen sind die meditativen Techniken noch gar nicht die Meditation selbst, sondern sie führen nur zum Zustand der Meditation hin. Dieser besteht im reinen Bewußtsein, in der Transzendenz – das heißt, im Überschreiten aller Grenzen der Erfahrung. Meditation im eigentlichen Sinne geschieht einfach, man kann sie nicht ›tun‹, und die Techniken bereiten nur den Boden dafür.

Warum sind diese Techniken so wichtig? Machen Sie einmal folgende Übung, dann werden Sie es wissen.

Übung 1 Setzen Sie sich locker, aber mit gestrecktem Rücken auf einen Stuhl. Die Hände liegen entspannt auf Ihren Oberschenkeln. Schließen Sie die Augen und versuchen Sie, fünf Minuten lang an gar nichts zu denken.

Ich wette, daß Ihnen das nicht gelungen ist! Bestimmt schossen Ihnen immer wieder Gedanken an die überflüssigsten Dinge durch den Kopf, von der Einkaufsliste bis zum nächsten TÜV-Termin. Es ist tatsächlich außerordentlich schwierig, unseren Geist auch nur für einige Minuten zur absoluten Ruhe zu bringen. Jedes Meditationssystem hat seine eigenen Strategien, um das ständige Suchen des Geistes, sich durch Sinneswahrnehmungen oder Gedanken mit der Umwelt in Verbindung zu setzen, abzustellen. Die meisten Techniken empfehlen, keine besonderen Anstrengungen zu unternehmen, weil jeder Kampf ja schon wieder eine Fixierung ist. Wenn man zwanghaft etwas nicht denken will, denkt man es ja schon. Der Meditierende soll die Dinge geschehen lassen, auftauchende Gedanken kurz registrieren und sofort weiterziehen lassen.

Wenn die Fähigkeit zu denken
eine beachtliche Tatsache war,
so ist die Fähigkeit nicht zu denken
noch viel beachtlicher

Sri Aurobindo

Es gibt eine große Zahl spiritueller Traditionen vom Zen-Buddhismus über Taoismus bis zur Anthroposophie, die alle mit meditativen Techniken arbeiten. Ich möchte Ihnen hier zwei Grundströmungen vorstellen, zu denen Sie in unserem Kulturkreis leicht Kontakt bekommen können.

Die Transzendentale Meditation

Die Transzendentale Meditation (TM) ist eine für den westlichen Gebrauch umgeänderte alte indische Technik. Sie ist eine Mantra- d. h. eine Wort-Meditation. Die Technik wird in vier Lektionen an aufeinanderfolgenden Tagen in sogenannten TM-Zentren gelehrt, wie es sie heute in jeder größeren Stadt gibt. Der Schüler erhält hier ein Sanskrit-Wort (das Mantra), von dem gesagt wird, daß es eine beruhigende Wirkung hat. Der Schüler ist angehalten, dieses Mantra geheimzuhalten. Zweimal am Tag soll der Schüler nun dieses Mantra still vor sich hin denken, während er bei geschlossenen Augen auf einem Stuhl sitzt. Er darf sich jedoch nicht besonders auf dieses Mantra konzentrieren, sondern läßt es ›mitlaufen‹.

Manche Menschen empfinden das erhaltene Mantra als unangenehm, vielleicht auch nur, weil sie es nicht frei wählen konnten. Sie können sich Ihr Mantra auch aussuchen, und wenn Sie über viele Jahre hinweg meditieren, werden Sie auch feststellen, daß sich Ihr Mantra verändert. Manchmal erhalten Sie durch eine innere Stimme ein neues.

Hier sind einige Ratschläge, für den Fall, daß Sie Ihr Mantra selbst wählen:

- Nehmen Sie eines, das klanglich angenehm ist. Es sollte aus Vokalen und weichen Konsonanten bestehen, also kein Wort mit Zischlauten wie etwa ›zwei‹ sein.
- Wählen Sie ein Mantra, das keine bestimmten Gefühle in Ihnen auslöst, z. B. nicht das Wort ›Mama‹, weil Sie dann ständig an die Beziehung zu Ihrer Mutter denken müssen.
- Verbinden Sie das Mantra mit Ihrem Atem, z. B. ›SO‹ beim Einatmen und ›HAM‹ beim Ausatmen. Dieses Mantra ist günstig für spirituell orientierte Menschen, denn ›SO‹ heißt ›ICH‹ und ›HAM‹ heißt ›ER‹.
- Gut sind auch dreisilbige Wörter, die dann auch innerlich dreisilbig gesprochen werden: Beim Einatmen die erste Silbe, beim Ausatmen etwas verlängert die zweite und in der Pause bis zum nächsten Einatmen die dritte Silbe (z. B. ›Ma-Mo-Mi‹).

Jetzt kommen wir zur Grundübung für eine Mantra-Meditation.

Übung 2 Setzen Sie sich zweimal täglich für etwa 20 Minuten mit gestrecktem Rückgrat auf einen Stuhl. Sorgen Sie dafür, daß Sie in Ihrem abgedunkelten Raum nicht gestört werden. Schließen Sie die Augen und wiederholen Sie das von Ihnen gewählte Mantra lautlos. Achten Sie dabei auf Ihre Atmung, ohne sie zu beeinflussen. Wenn Ihre Gedanken umherziehen, machen Sic keine besonderen Anstrengungen, um zum Mantra zurückzukehren. Verhalten Sie sich passiv und nehmen Sie das Mantra wie von ungefähr wieder auf. Lassen Sie spontan auftretende Empfindungen zu. Sie sind Ausdruck eines therapeutischen Geschehens.

Manche Menschen reagieren sehr stark auf das Meditieren und wollen am liebsten gar nicht mehr damit aufhören. Falls Sie dafür anfällig sind, widerstehen Sie der Versuchung, jeden Tag stundenlang zu meditieren. Sie würden dadurch nur von einer als unangenehm empfundenen Realität in Ihre Traumwelt fliehen. Das Ziel der Meditation und des Mentaltrainings überhaupt ist es jedoch, die Realität zu verbessern. Das geht nur, wenn man besonders wach und präsent ist.

Transzendentale Meditation ist ein aktiv-übendes Verfahren, das durch entspannte Aufmerksamkeit einen Zustand ruhevoller Wachheit anstrebt. Diese Ruhe ist tiefer als Tiefschlaf! Der Spannungsabbau, der in der Meditation erfolgt (Spannung ist ja immer auch eine Schutz- und Verteidigungshaltung), bringt oft unerledigte Konflikte, Verdrängungen oder alte Probleme an die Oberfläche.

Diese Meditationstechnik soll die Wahrnehmung für innere Signale des Körpers, insbesondere der vegetativen Regulation, also der unwillkürlichen Systeme wie Kreislauf und Verdauung, schärfen und durch die Entspannung verändern.

Über die Wirksamkeit der Transzendentalen Meditation liegen viele Untersuchungen vor. Eine Auswahl daraus:

- die Intelligenz wird gesteigert
- das Erinnerungsvermögen verbessert
- Bluthochdruck gesenkt
- Angstzustände abgebaut
- Schlaflosigkeit gebessert
- Drogenmißbrauch (auch Alkohol- und Zigarettenkonsum) reduziert
- Müdigkeit und Verspannungen lösen sich
- die allgemeine Energie wird gesteigert
- mehr innere Stabilität wird erreicht
- die Kreativität nimmt zu

Yoga

Das Wort ›Yoga‹ kommt aus dem Altindischen und bedeutet ›anjochen‹ oder ›anspannen‹. Damit ist gemeint, daß die Sinnesorgane und das Denken lenk- und kontrollierbar werden. Yoga ist eine hinduistische Meditationspraxis, ein System konzentrativer Entspannung. Es umfaßt Körper, Seele und Geist gleichermaßen. Mit Hilfe des Yoga kann der Übende (der Yogi) eine Verbindung oder Einheit mit verschiedenen Aspekten seiner Person, anderen Menschen und der Natur herstellen.

Ziel des Yogi ist die Vereinigung mit der ›Weltseele‹, die als allgegenwärtige und alles durchdringende Kraft angesehen wird. Der Yogi wendet sich von äußeren Sinnesobjekten ab und hin auf eine innere Welt. Die Konzentration der Aufmerksamkeit auf einen bestimmten Punkt hat das Ziel, eine Beherrschung der Gedanken zu erreichen und die Versenkung aller Seelenkräfte auf einen Gegenstand zu erzielen, der schließlich ganz von dem Bewußtsein des Betreffenden Besitz ergreift.

Zusammenfassend kann man Yoga als eine Vereinigung von körperlich-vegetativen (z. B. Atmung) und geistig-konzentrativen Techniken beschreiben. Durch sie sollen nicht nur das Denken und das Bewußtsein kontrolliert und verändert werden, sondern auch Funktionen wie Muskelspannung, vegetativer Ausgleich und Körpergefühl beeinflußt werden. Mit den sogenannten ›Asanas‹, den Körperübungen, werden auch gezielt gesundheitliche Störungen und Verschleißerscheinungen, die durch Bewegungsmangel und Alter entstanden sind, behoben, bzw. sie entstehen gar nicht erst. Yoga möchte Körper, Seele und Geist öffnen, sammeln und heilen. Die Körperübungen lösen Verspannungen – meist die erste Ursache für Krankheiten – und sollen den Menschen für sich selbst, den anderen und für die Weite der Schöpfung, des Universums öffnen. Yoga ist keine Gymnasik, es gibt hier keine ruckartigen oder willentlich erzwungenen Bewegungen. Die Übungen werden langsam und bewußt ausgeführt, es kommt darauf an, ruhig in einer Yoga-Stellung zu verharren. Wichtig ist die Muskeldehnung und nicht die Muskelzusammenziehung, die bei Anstrengungen (Sport) entsteht. Yoga baut auf der natürlichen Anpassungsfähigkeit des Körpers auf. Der Übende geht immer nur so weit, wie es ihm ohne Überanstrengung möglich ist. Jede Steigerung findet zuerst auf der geistigen Ebene statt. Der Geist lenkt also den Körper. Deshalb ist auch Hatha-Yoga, also der körperliche Yoga, immer eine geistige Meditationspraxis.

Versuchen Sie bitte nicht, Yoga ausschließlich aus Büchern zu lernen. Die Gefahr, daß Sie vieles falsch machen, wenn niemand Sie korrigieren kann, ist zu groß.

Volkshochschulen und Yoga-Zentren bieten laufend Grund- und Aufbaukurse an. Nach dem Besuch mindestens eines Grundkurses können Sie alleine weiter an sich arbeiten und auch Bücher zu Hilfe nehmen.

Die geistige und seelische Ebene wird im Yoga auch durch allgemeingültige Regeln angesprochen, so durch die Befolgung bestimmter Gebote wie die Achtung vor der Schöpfung, Wahrhaftigkeit, Nicht-Stehlen, der Gott gefällige Lebenswandel und das ›Nicht-Raffen‹ von Geld und Besitztümern. Weitere persönliche Gebote, die ein Yogi beachten muß, sind Sauberkeit und Lauterkeit in der Gesinnung, Zufriedenheit, Engagement, eigenes Forschen und die Hingabe an Gott.

Was immer Sie beim Yoga tun – Körperübungen ausführen, die Atmung beherrschen oder meditieren –, Sie müssen es ganz und gar konzentriert tun, vollkommen hingegeben an das Jetzt. Die Wirkungen des Yoga hängen von der Ernsthaftigkeit und der Ausdauer ab, mit denen man ihn praktiziert. Das ist ein lebenslanger Weg. Doch auch ein Anfänger in dieser Disziplin stellt sehr bald fest, daß Yoga

- Entspannung schafft
- innere Ruhe herstellt
- Intelligenz, Konzentration und Gedächtnis steigert
- vegetative Funktionen reguliert
- eine Reihe gesundheitlicher Störungen auflöst
- verjüngt
- Angst abbaut
- gesunden Schlaf fördert
- der persönlichen Selbsterfahrung dient.

Wir haben schon die Mantra-Meditation, die auch beim Yoga verwendet wird, kennengelernt. Ich möchte Sie nun noch mit Meditationsübungen bekannt machen, die verschiedenen geistigen Schulen entstammen. Suchen Sie sich diejenigen aus, die Ihnen am meisten zusagen. Sie alle zeigen verschiedene Wege zu dem einen Ziel, das ich am Anfang dieses Kapitels beschrieben habe: die eigene Mitte zu finden.

Zuvor jedoch noch einige Hinweise, die Sie bei Ihren Meditationen beachten sollten. Diese gelten natürlich auch für die beiden in diesem Kapitel schon beschriebenen Übungen:

1. Richten Sie Ihre Meditationssitzungen so ein, daß Sie frühestens eine Stunde nach der letzten Mahlzeit beginnen. Sie können unmittelbar vor der Meditation Mineralwasser oder ähnliches trinken, aber nehmen Sie keine Anregungsmittel wie Kaffee, Tee oder Cola zu sich.
2. Wählen Sie einen ruhigen Raum. Stellen Sie unbedingt das Telefon ab, selbst ein leises Klingeln kann in dem hochsensiblen Zustand, in dem Sie sich befinden, als unangenehm empfunden werden und zu Herzklopfen oder Übelkeit führen. Erklären Sie Ihren Kindern, daß Sie nicht gestört werden möchten. Hängen Sie eventuell ein entsprechendes Schild vor die Tür.
3. Meditieren Sie sitzend, da das Rückgrat aufrecht sein soll. Brennen Sie Räucherstäbchen ab, falls Ihnen der Duft angenehm ist (aber auch nur dann).
4. Setzen Sie sich mit dem Rücken zur Lichtquelle. Es muß nicht dunkel sein. Aber gedämpftes Licht ist angenehmer.
5. Ziehen Sie die Schuhe aus und lockern Sie Ihre Kleidung (Gürtel). Begeben Sie sich in den Lotussitz auf den Boden, oder, wenn Ihnen das zu unbequem ist, setzen Sie sich aufrecht auf einen Stuhl (kein Sessel, der den Rücken krumm werden läßt).
6. Falls es Sie juckt, kratzen Sie sich; wenn Ihnen die eingenommene Stellung unbequem wird, verändern Sie sie.

Sie müssen beim Mentaltraining nicht die strengen Formen des Yoga oder die Praktiken eines Zen-Mönches übernehmen.

7. Kontrollieren Sie die Länge Ihrer Sitzungen. Blinzeln Sie durch halbgeschlossene Lider auf Ihre Uhr oder lassen Sie sich durch sanftes Klopfen ›wecken‹. Sie werden feststellen, daß Sie nach einiger Zeit ganz von selbst zum richtigen Zeitpunkt Ihre Sitzung beenden werden – Sie haben Ihr Unterbewußtsein darauf programmiert.
8. Springen Sie nicht schnell auf, wenn Ihre Meditation beendet ist, das verträgt Ihr Kreislauf schlecht. Bleiben Sie ein, zwei Minuten ruhig sitzen, öffnen Sie langsam die Augen und schauen Sie im Raum umher. Vielleicht möchten Sie sich räkeln, bevor Sie aufstehen.
9. Sollten Sie trotz aller Vorsichtsmaßnahmen doch einmal gestört werden, lassen Sie sich Zeit. Bewegen Sie sich langsam, atmen Sie ein paarmal tief durch, bevor Sie aufstehen.

Hier nun die Übungen, die Sie statt oder neben der Mantra-Meditation ausführen können:

Übung 3 Setzen Sie sich hin und atmen Sie einmal tief ein und aus. Denken Sie dabei, während Sie einatmen, an das Wort ›ein‹ und, während Sie ausatmen, an das Wort ›aus‹.

Lassen Sie nach diesem ersten tiefen Atemzug Ihre Atmung von nun ab alleine fließen. Denken Sie jedoch bei jedem Einatmen ›ein‹ und bei jedem Ausatmen ›aus‹.

Dehnen Sie diese Wörte so, daß sie sich über Ihren ganzen Atemzug ziehen, also etwa: ›ein... n... n‹ und ›aus... s... s‹. Mit der Zeit schwinden diese Wörter langsam dahin, und Sie fühlen nur noch das Atmen. Beenden Sie diese Meditation nach zwanzig Minuten in der oben beschriebenen Weise.

Übung 4 Setzen Sie sich hin, schließen Sie die Augen und lassen Sie Ihren Atem ganz entspannt fließen. Hören Sie bewußt auf ihn. Nach einer Weile werden Sie ganz von selbst durch Ihren Atem ›hindurchhören‹, in den Raum hinein, in dem Sie sitzen. Hören Sie diesen Raum. Lauschen Sie aber nicht bewußt, sondern nehmen Sie diesen Raum einfach durch Ihre Ohren auf. Bald werden Sie über diesen Raum hinaus in die Wohnung, auf die Straße hören. Vielleicht dringen da Stimmen, der Lärm des Autoverkehrs oder Musikfetzen zu Ihnen. Nehmen Sie alle Geräusche so hin, wie sie da sind. Sortieren Sie nicht in das, was Sie hören möchten, und das, was Sie nicht hören möchten. Nach einiger Zeit werden Sie auch durch diese Geräusche hindurchhören. Dort ist die Stille. Jetzt hören Sie nur noch Ihren eigenen Körper, vielleicht eine Art Rauschen oder ein Pochen. Nach einiger Zeit werden Sie diese Stille als laut empfinden. Die Stille dröhnt! Hören Sie auch durch dieses Dröhnen hindurch und lassen Sie sich einfach treiben.

Vielleicht empfinden Sie diese Übung schon als relativ ›anspruchsvoll‹ – es ist eine alte Zen-Übung. Hier nun eine Praktik, die besonders beliebt bei Anfängern ist:

Übung 5 Wählen Sie einen angenehmen Gegenstand aus natürlichem Material, z. B. eine Blume, eine Frucht oder einen Stein. Stellen Sie diesen Gegenstand in Augenhöhe in einer Entfernung von einem halben Meter bis einem Meter auf. Entfernen Sie alle ablenkenden Gegenstände im Hintergrund.

Setzen Sie sich hin und lassen Sie Ihre Augen auf diesem Gegenstand ruhen. Versuchen Sie aber nicht, ihn angestrengt zu fixieren. Strengen Sie sich nicht an. Lassen Sie diesen Gegenstand einfach in Ihr Gesichtsfeld eintreten. Denken Sie nicht logisch über diesen Gegenstand nach, z. B. wozu er gut ist, was seine Größe, Farbe usw. ist. Starren Sie auch nicht unverwandt auf diesen Gegenstand. Wenn sich Ihre Augen abwenden möchten, lassen Sie das geschehen. Nun behalten Sie den gewählten Gegenstand für etwa sieben bis zehn Sekunden in Ihrem Gesichtsfeld und lenken dann Ihre Augen absichtlich auf eine Stelle, die weiter weg im Raum liegt, – und wenden sich dann wieder aufs neue Ihrem Gegenstand zu. Wiederholen Sie das ein paarmal. Nach fünf Minuten schließen Sie Ihre Augen und bleiben kurz ruhig sitzen.

Diese Meditation durchbricht die Routine unseres alltäglichen Sehens, die dazu führt, daß wir Dinge, die uns vertraut sind, so gut wie nicht mehr sehen. Doch nur das, was man wahrnimmt, kann man auch ändern!

Im Kapitel ›Imagination‹ werde ich Ihnen Übungen zeigen, die mit gelenkten Vorstellungen, mit Visualisation arbeiten. Sie sind ein wesentlicher Schritt auf die Erfüllung Ihrer Wünsche hin. Doch damit Sie nicht zu willentlich angestrengt auf diese Ziele hinarbeiten, sollten Sie auch immer wieder auf die in diesem Kapitel beschriebenen ›zwecklosen‹ Arten meditieren. Denn erst, wenn Sie fähig sind, loszulassen, kann Neues in Ihr Leben treten.

Wenn irgend etwas aus Ihrem Leben verschwindet,
ist das immer ein Zeichen dafür,
daß etwas Besseres unterwegs ist

Catherine Ponder

Technik Nr. 5

Hypnose und Autosuggestion

Hypnose

Das Wort ›Hypnose‹ kommt aus dem Griechischen und bedeutet eigentlich ›Schlaf‹. Hypnose ist ein schlafähnlicher Zustand mit Herabsetzung der physiologischen, das heißt der körperlichen Funktionen. Dieser Zustand wird im allgemeinen künstlich herbeigeführt, tritt aber auch spontan auf.

Die Hypnose kann als historischer Anfangspunkt aller bewußten psychotherapeutischen Bemühungen bezeichnet werden. Schon vor Jahrtausenden dürften hypnotische Zustände eine Rolle bei magischen Heilungsvorgängen gespielt haben (zum Beispiel bei Teufelsaustreibungen). Der früheste Nachweis wissenschaftlicher Beschäftigung mit dem hypnotischen Zustand ist 1775 bei Franz Anton Mesmer zu finden. Er ging von der Existenz einer magnetischen Kraft aus, durch deren Aktivierung besonders begabte Menschen, sogenannte Hypnotiseure, Heilwirkungen erzielen können. Auch Sigmund Freud arbeitete anfangs, unter Mitwirkung von J. Breuer, mit der Hypnose. Hier spielte das Erinnern verdrängter, meist ›traumatischer‹ Ereignisse natürlich eine große Rolle. Aus der Arbeit mit der Hypnose entwickelte Freud dann die Psychoanalyse, die mit der sogenannten freien Assoziation arbeitet.

Ich möchte nun einen für die Hypnose zentralen Begriff erklären: die Suggestion. Unter Suggestion versteht man die Beeinflussung des Denkens, Wollens, Fühlens und Handelns eines Menschen. Das kann auf der körperlichen und seelisch / geistigen Ebene geschehen. Hypnotisiert ein Mensch einen anderen, so ist das Fremdsuggestion. Hypnotisiert (beeinflußt) man sich selbst, so ist das Autosuggestion. In jedem Falle wird das logische, intellektuelle Denken umgangen und das Unterbewußtsein möglichst direkt angesprochen.

Es gibt negative Suggestionen wie »Du bist dumm, du wirst es nie zu etwas bringen«. Sie wirken beunruhigend, beängstigend, selbst wenn der logische Verstand sich dagegen wehrt. Positive Suggestionen wie »Du bist stark und fähig« wirken aufbauend, ermutigend und beruhigend. Als Autosuggestion sind diese positiven Sätze in der Ich-Form formuliert (»Ich bin stark und fähig«).

Übung 1 Versuchen Sie einmal, Ihren negativen Autosuggestionen auf die Spur zu kommen. Notieren Sie es sich einen Tag lang, wenn Sie Sätze wie »Ich Trottel«, »Das kann ich nicht«, »Wie scheußlich sehe ich denn aus« denken. Verbrennen Sie diesen Zettel anschließend.

Wenn Sie während dieser Übung mit sich ehrlich waren, ist da allerhand zusammengekommen! Ich werde später ausführlich auf die praktische Arbeit mit Autosuggestion zu sprechen kommen.

Außer zwischen Fremd- und Autosuggestion, zwischen negativen und positiven Suggestionen, kann man auch zwischen Wachsuggestion, also der Suggestion in bewußtseinswachem Zustand, und der Hypnosuggestion mit Herstellung eines veränderten, schlafähnlichen Bewußtseinszustandes unterscheiden.

Die Hypnose ist ein fremdsuggestives Heilverfahren, das vorwiegend mit positiven Suggestionen arbeitet.

Damit ist sie das wirkungsvollste Verfahren, das es gibt. Denn:

1. Fremdhypnose ist noch wirkungsvoller als Autosuggestion.
2. Suggestionen, die in einem Zustand tiefer Entspannung gegeben werden, sind wirkungsvoller als Suggestionen, die man im Wachzustand erhält, – weil sie das Unterbewußtsein direkter erreichen.

Schon immer waren allerdings über die Wirkung der Hypnose die wildesten Gerüchte im Umlauf. So sollen Menschen angeblich in willenlose Automaten verwandelt werden können und dem Hypnotiseur somit völlig ausgeliefert sein. Viele Menschen glauben, es sei möglich, ohne eigene Zustimmung hypnotisiert zu werden und in der Hypnose zu ungewollten Handlungen, im Extremfall sogar zu Verbrechen veranlaßt zu werden. Über die Heilwirkungen der Hypnose gibt es nicht so viele phantastische Gerüchte, jedoch zeigen Experimente, daß Menschen unter Hypnose mehr Schmerzen ertragen oder Hitze empfinden können, obwohl sie sich in eiskaltem Wasser befinden. Es wird berichtet, daß unter Hypnose Geheimnisse preisgegeben, Halluzinationen und Träume wachgerufen wurden, Blasen auf der Haut entstanden oder Warzen verschwanden. Gesichert ist heute, daß der Hypnotisierte sich stets seines Zustandes bewußt ist, daß er sich auch selbst jederzeit aus der Hypnose erwecken kann, er nie im Widerspruch zu eigenen Grundsätzen handeln würde, und er stets, trotz des herabgesetzten Bewußtseinszustandes, die Kontrolle über sich selbst behält.

Die Abkehr Sigmund Freuds von der Hypnose und die Ausweitung psychoanalytischer Behandlungsmethoden führte dazu, daß das allgemeine Interesse an der Hypnose nachließ. Jedoch hat sich die Stellung der Hypnosebehandlung vor allem dank J. H. Schultz, der das Autogene Training entwickelte, behauptet und gewinnt heute wieder an Bedeutung.

Man unterscheidet im allgemeinen drei Stadien der Hypnose, wobei die Trancezustände unterschiedlicher Tiefe fließend ineinander übergehen:

1. Das erste Stadium der ›Somnolenz‹. Es entspricht einer Art Schläfrigkeit. Der Hypnotisierte vermag seine willkürlichen Impulse nicht mehr gegen die Suggestion durchzusetzen. Neben der Schläfrigkeit ist eine Gliederschwere festzustellen.
2. Das zweite Stadium der ›Hypotaxie‹. Es entspricht einem spezifischen schlafartigen Zustand, wobei Suggestionen unter Ausschaltung der bereits in der Somnolenz eingeschränkten Urteilsfähigkeit, auch gegenüber der Umwelt, ausgeführt werden.
3. Das dritte Stadium des ›Somnambulismus‹. Es entspricht der tiefen, schlafwandlerischen Vollhypnose. Es fehlt die Rückerinnerung an die Suggestion. In diesem Zustand ist es möglich, sogenannte ›posthypnotische‹ Suggestionen festzulegen. Das heißt, es werden Aufträge erteilt (z. B. »Ich gehe ruhig und gelassen in meine Prüfung«), die erst im Wachzustand, in der betreffenden Situation, wirken.

Das also sind die wesentlichen Merkmale der Hypnose:

- das Bewußtsein ist herabgesetzt und eingeengt
- die Aufnahme- und Verarbeitungsfähigkeit für Sinneseindrücke ist gedämpft – mit Ausnahme des Kontaktes zum Hypnotiseur
- erhöhte Empfänglichkeit für Suggestionen

- erleichterte Ansprechbarkeit der Tiefenschichten
- manchmal Erinnerungsfähigkeit an weit zurückliegende Ereignisse
- psychischer Zustand der ›kritischen Gelassenheit‹.

Von Hypnotisierten wird mit zunehmender Tiefe der Hypnose über folgende subjektive Erfahrungen berichtet: Die Umgebung verblaßt ganz allgemein, die Zeit wird bedeutungslos, das eigene Körpergefühl schwindet, vom Hypnotiseur wird allmählich nur noch die Stimme wahrgenommen, Empfindungen der Friedlichkeit und der unbegrenzten Macht über sich selbst treten auf, und es besteht eine vorübergehende Amüsiertheit über den hypnotisierten Zustand. Es kommt zu einer Schwereempfindung durch Entspannung der willkürlichen Körpermuskulatur und zu einem Wärmeempfinden durch Entspannung der oberflächlichen Hautgefäße mit besserer Durchblutung. Der Hypnotisierte erlebt sich selbst und die Umwelt einfach ›anders‹.

Für einen Beobachter ist der Hypnotisierte gekennzeichnet durch eine veränderte Stimme, glatte und entspannte Gesichtszüge, fehlende Schreckreaktionen, Verlangsamung der Reflexe, Pulsverlangsamung, Verlangsamung der Atmung. Insgesamt ähnelt der hypnotische Zustand dem des Halbschlafes. Es herrschen eine passive, aufnehmende Haltung und ein Gefühl des Wohlbehagens vor.

Ich hatte schon gesagt, daß der Zustand der Hypnose vorübergehend das alltägliche Denken unterdrückt und unbewußte Inhalte zugänglich macht. Therapeutisch geht es darum, im Menschen verschüttete Potentiale wachzurufen und dem Klienten zu helfen, sie verfügbar zu machen. Besonders beeindruckend sind die posthypnotischen Aufträge, die unter dem Stichwort ›Somnambulismus‹ schon erwähnt wurden. Ein weiteres Phänomen ist die Altersregression. Darunter versteht man die Fähigkeit, in der Hypnose zu einem früheren Ereignis oder in ein bestimmtes Alter zurückzugehen und es nochmals zu erleben. Auf diese Weise werden Auswirkungen eines früheren Ereignisses auf das heutige Leben sichtbar gemacht. Ich habe Ihnen früher schon einige Beispiele dafür gegeben.

Bei der Altersregression kommt es manchmal zu sehr auffälligen Phänomenen. So kann z. B. ein verlorener Sprachschatz wieder zur Verfügung stehen, oder es kann vollkommene Fühllosigkeit suggeriert werden. Auf diese Weise hat man sogar schon Hypnotisierte operiert.

Für das Mentaltraining sind vor allem persönlich formulierte Suggestionen von Bedeutung, die im hypnotischen Zustand bereitwilliger aufgenommen werden als im Wachzustand und zu wesentlichen Teilen auch unbewußt heilsam wirken.

Jede Hypnose setzt die Bereitschaft des Klienten voraus! Deshalb steht am Anfang einer Hypnosebehandlung im allgemeinen die Vorbesprechung, die der Information über das zukünftige Geschehen, der Vertrauensbildung und der besseren Motivation dient. Zum besseren Verständnis möchte ich exemplarisch eine Hypnosebehandlung beschreiben:

»Frau M. hat fünfzehn Kilo Übergewicht, unter dem sie sowohl gesundheitlich als auch seelisch leidet. Nach mehreren erfolglosen Versuchen abzunehmen, hat sich Frau M. entschlossen, einen Hypnotiseur aufzusuchen. Nach einem einleitenden Gespräch, in dem Frau M. von dem Hypnotiseur über Inhalt und Ablauf der Hypnosebehandlung aufgeklärt wird, beginnt die eigentliche Behandlung. Der Hypnotiseur wählt als Hypnosetechnik, also zur Einleitung der Hypnose, die sogenannte Fixationstechnik. Frau M. sitzt bequem auf einem Stuhl. Dicht vor ihr sitzt der Hypnotiseur, der einen silbernen Kugelschreiber in der

Hand hält. Er hält ihn etwa zwanzig Zentimeter von den Augen der Klientin entfernt, so daß Frau M. schräg nach oben sehen muß. Frau M. wird angehalten, die glänzende Spitze des Kugelschreibers ständig zu fixieren. Ihre Augenmuskeln ermüden dabei schnell, die Pupillen werden weiter, die Augenlider vibrieren, und schließlich ist Frau M. nicht mehr in der Lage, die Augen offenzuhalten. Dieser Augenschluß wird durch Verbalsuggestion des Hypnotiseurs noch beschleunigt: Im Ton nachdrücklicher Gewißheit fordert der Hypnotiseur Frau M. auf, sich auf den Kugelschreiber zu konzentrieren. Er sagt ihr, daß ihre Augen immer müder und die Lider schwerer werden und sie schließlich ihre Augen nicht mehr aufhalten kann. Sodann spricht der Hypnotiseur mit ruhiger Stimme auf die Klientin ein. Er suggeriert ihr, daß sie immer ruhiger und entspannter wird und immer tiefer in die Hypnose sinkt. In diesem körperlich entspannten und hypnotischen Zustand ist Frau M. nun besonders empfänglich für Suggestionen und Aufträge. Der Hypnotiseur sagt ihr, daß sie einen starken Widerwillen gegen alle kalorienreichen Nahrungsmittel spüren wird. Er suggeriert ihr, weniger Mahlzeiten zu sich zu nehmen und bewußt langsam zu essen. Frau M. wird sich dann sehr wohl fühlen und stetig abnehmen. Diese Suggestion wiederholt der Hypnotiseur mehrmals eindringlich, bevor er Frau M. aus der Hypnose zurückholt. Er sagt ihr, daß sie langsam von fünf bis eins zurückzählen wird und sie von Zahl zu Zahl frischer und wacher wird. Danach bittet er Frau M., die Augen wieder zu öffnen und aufzustehen.«

Bereits nach drei Sitzungen, die immer in der gleichen Form ablaufen, zeigt sich bei Frau M. eine beachtliche Gewichtsabnahme, die sich in der Folgezeit noch fortsetzt. Heute hat Frau M. wieder ihr Normalgewicht erreicht und ist sehr zufrieden.

Was kann Hypnose leisten?

Die Erfolgschancen sind so vielfältig, daß man sie gar nicht alle aufzählen kann. Führen Sie ein Vorgespräch mit einem Hypnosetherapeuten Ihres Vertrauens über Ihr spezielles Anliegen.

Hypnose kann helfen bei: Phobien, unerklärlichen Ängsten, Kopfschmerzen, Migräne, Asthma, Bluthochdruck, Magengeschwüren, Sprachstörungen (z. B. Stottern), Bettnässen, Nägelbeißen, Übergewicht, chronischer Bronchitis, Herzneurosen, Magen-Darm-Erkrankungen, Zwölffingerdarmgeschwüren, Harnwegerkrankungen, Impotenz, Frigidität, Schlafstörungen, Neuralgien, Prüfungsängsten, Rauchen, Alkoholmißbrauch, Depressionen, chronischen Schmerzzuständen, Streß.

Sie können durch eine Hypnosebehandlung jedoch nicht nur Krankheiten heilen. Entscheidend für das Mentaltraining, das mehr Erfolg und Harmonie in Ihr Leben bringen soll, sind auch folgende Wirkungen: Hypnose hilft,

- erfolgreich auf Gebieten zu sein, die Ihnen wichtig sind
- Minderwertigkeitskomplexe abzubauen
- selbstbewußter zu werden
- Ihre Kreativität auszuschöpfen
- verborgene Talente zu entdecken
- kontaktfreudiger zu werden
- sich besser konzentrieren zu können
- die Lernfähigkeit zu steigern
- ruhiger, gelassener und einfach glücklicher zu sein

Vielleicht ist Ihnen aufgefallen, daß diese Liste jener sehr ähnelt, die ich über die Wirkungen des Mentaltrainings allgemein anlegte. Tatsächlich kann Hypnose sozusagen ein

›Intensivkurs‹ in Sachen Mentaltraining sein. Es ist nicht notwendig, daß Sie sich einer Hypnosebehandlung unterziehen, um erfolgreich Mentaltraining zu betreiben. Sie werden bemerkt haben, daß Sie vollkommen alleine mit diesem Buch die wesentlichen Techniken des Mentaltrainings erlernen können. Es gibt darüber hinaus jedoch die Möglichkeit, bestimmte Komplexe in Ihrem Leben, mit denen Sie sich alleine schwertun, mit Hilfe einer Hypnosetherapie schneller und effektiver wieder ›in den Griff‹ zu bekommen.

Autosuggestion

Autosuggestion ist Selbsthypnose. Sie hat den Nachteil, daß sie nicht so effektiv ist wie Fremdhypnose, aber den Vorteil, daß sie über einen langen Zeitraum (wenn Sie wollen, Ihr ganzes Leben lang) von Ihnen selbst angewendet werden kann. Doch wenn Autosuggestion auch relativ, also gegenüber der Fremdhypnose, weniger wirksam ist, so ist sie dennoch so wirkungsvoll, daß sie eine zentrale Technik des Mentaltrainings ist.

Jeder Mensch ist tagtäglich einer Fülle von Fremdsuggestionen ausgesetzt, denken Sie nur an die Werbung, die ihre Produkte unter der Verwendung starker Suggestionen anpreist und Sie damit zum Kauf animieren will. Hinzu kommt, daß jeder Mensch täglich, oft gar nicht bewußt, Autosuggestion betreibt. Mit der Übung 1 in diesem Kapitel wollte ich Sie auf diesen folgenreichen Vorgang einmal aufmerksam machen.

Bei der Technik ›Positives Denken‹ habe ich schon über die Macht Ihrer Gedanken gesprochen. *Suggestionen sind nun solche Gedanken, die durch ihre ständige Wiederholung eine richtunggebende Kraft sind.*

Die meisten Menschen sehen nur die Auswirkungen dieser Suggestionen, ohne sich über die Ursache (nämlich die Suggestionen selbst) im klaren zu sein. Sie machen ›das Schicksal‹, ›die Umwelt‹, ›die anderen‹ für ihre Probleme verantwortlich und kommen dadurch nie aus ihrer unbefriedigenden Situation heraus.

Hier einige Beispiele für negative Lebenssituationen und die negativen Autosuggestionen, die ihnen zugrunde liegen könnten:

Lebenssituation	mögliche zugrundeliegende Autosuggestion
Krankheit	»Ich kann das nicht, was ihr von mir verlangt. Ich fühle mich überfordert. Ich brauche Ruhe.«
Geldmangel	»Ich habe kein Geld. Ich werde es finanziell nie zu etwas bringen.«
beruflicher Mißerfolg	»Ich kann nichts. Ich bin ein Versager.«
Unglück in der Liebe	»Niemand liebt mich. Ich bin nichts wert. Ich kann keine Frau (keinen Mann) halten.«

Wenn Sie erst einmal erkannt haben, daß Sie selbst es sind, der sich negativ ›programmiert‹, können Sie das Ruder herumwerfen und beginnen, Ihre negativen Suggestionen durch positive zu ersetzen. Nach einiger Zeit (je nachdem, wie groß die Umwälzung ist) werden Sie feststellen, daß sich Ihre Lebenssituation verändert.

Im Gegensatz zur unbewußten Selbstbeeinflussung ist die bewußte Autosuggestion die gewollte Einwirkung der Vorstellungskraft auf das Körperliche und Seelische des Menschen. Den autosuggestiven Techniken kommt in der Psychotherapie von heute große Bedeutung zu. Der Begriff der Autosuggestion, der, wie auch die Hypnose, lange Zeit in Mißkredit und Vergessenheit geriet, wird heute gewissermaßen rehabilitiert. Von vielen Fachkräften werden die äußerst positiven Wirkungen einer sinnvoll angewendeten Autosuggestion wieder stärker genutzt.

Wesentlicher Unterschied zur Hypnose, ich sagte es schon, ist die Selbstübung des Klienten, das heißt, diese Technik kann unabhängig von der Gegenwart eines Hypnotiseurs oder Therapeuten angewendet werden. In der Hypnose stehen sich Klient und Hypnotiseur gegenüber, gehen eine Beziehung ein, die für die erfolgreiche Anwendung sehr bedeutend ist. Bei der Autosuggestion treten, wie es einmal genannt wurde, das ›Ich‹ und das ›Selbst‹, das Bewußtsein und das Unterbewußtsein in Beziehung.

Autosuggestionen sind im entspannten Zustand am wirkungsvollsten. Sie entgehen dann jeder Anspannung von Aufmerksamkeit und Willen. Die bewußt formulierte Suggestion geht erst dann in eine Autosuggestion über, wenn das Unterbewußtsein sie aufnimmt. Beachten Sie dabei, daß der Wille einen stark hemmenden Einfluß auf die Wirksamkeit der Suggestion ausüben kann!

Es ist sogar so: Je mehr Sie sich bemühen, desto wahrscheinlicher ist das Ausbleiben des Erfolges.

Emile Coué, der erstmals in der Medizin systematisch mit der Autosuggestion arbeitete, sprach vom Gesetz der das Gegenteil bewirkenden Anstrengung: »Jede Willensanstrengung, die man gegen ein Übel, gegen ein Leiden, gegen eine Sucht oder gegen Zwangsdenken ankämpfen läßt, verstärkt das Übel.« Das bedeutet also: Je intensiver Sie eine

Sache betreiben mit dem Gedanken, daß Sie sie eigentlich nicht ausführen können – also Anstrengung verbunden mit Zweifeln am Gelingen –, desto mehr tun Sie das Gegenteil dessen, was Sie eigentlich wollen. Ein anschauliches Beispiel für dieses Gesetz mag ein Stotterer sein, der sich innerlich befiehlt, fließend und fehlerfrei zu sprechen. Dieses ›Muß‹ mit der verbundenen Angst, daß es doch nicht gelingt (dem Zweifel), wird die Sprechstörung eher noch verschlimmern.

Viele Menschen kennen dieses Gesetz aus eigener Erfahrung bei den Bemühungen, abends einzuschlafen: Je mehr man sich bemüht, einzuschlafen, desto weniger Erfolg hat man damit und um so länger liegt man wach.

Dieses angestrengte ›Ich muß‹ und das gleichzeitige Mißtrauen gegenüber der Verwirklichung des Vorhabens hemmen also gerade die Realisierung des Wunsches. Auch wird durch die Anspannung des Willens die Aufmerksamkeit dermaßen erhöht, daß die notwendige Umgehung der Verstandesfunktionen nicht möglich ist.

Ich sprach schon im Kapitel ›Positives Denken‹ davon: Der unerschütterliche Glaube an sich selbst und an das Gelingen ist der beste Garant für einen Erfolg der Autosuggestion. Achten Sie also bei Ihrer Arbeit mit Suggestionen darauf, daß Sie jede Willensanstrengung vermeiden. Wenn Sie merken, daß Sie sich zu sehr verkrampfen, sich an der Suggestion mit verzweifelter Kraft ›festbeißen‹, dann lassen Sie erst einmal ›los‹, entspannen Sie sich mit den von mir in den Kapiteln ›Entspannung‹, ›Atmen‹ und ›Meditation‹ empfohlenen Methoden.

Autosuggestion wird bewußt und gezielt dazu eingesetzt, Wünsche zu realisieren. Sie haben sich am Anfang dieses Buches für ein bis drei Wünsche entschieden, an deren Verwirklichung Ihnen besonders viel liegt. Diese gefühlsmäßige Bedeutung, die Ihre Wünsche haben, ist bei der Arbeit mit Autosuggestion sehr wichtig. Das angestrebte Ziel sollte also klar definiert, mit viel Gefühl ›aufgeladen‹ sein – und muß dem Unterbewußtsein so konkret wie möglich vermittelt werden. Es gibt verschiedene autosuggestive Verfahren. Die wichtigsten arbeiten mit:

- *Visualisation.* Hierbei stellen Sie sich die Zielsituation bildlich immer als in der Gegenwart schon realisiert vor. Sie führen den Gedanken oder die Handlung in der Gegenwart selbst aus, Sie identifizieren sich völlig mit dem positiven Bild (mehr darüber im nächsten Kapitel).
- der *Wiederholung bestimmter Formeln.* Hierfür gibt es eine Zentralformel von Coué, die universell anwendbar ist: »Es geht mir jeden Tag in jeder Hinsicht immer besser und besser.«
- *körperlichen Hilfsmitteln* wie Entspannungs- und Atemübungen – erst danach wird mit Autosuggestion gearbeitet. Diese Technik kann man als Auto- oder Selbsthypnose bezeichnen, da Sie sich in einen veränderten Bewußtseinszustand versetzen, bevor sich die Suggestionen ergeben. Hier sind deutliche Parallelen zur Hypnosebehandlung zu erkennen.

Im folgenden möchte ich Ihnen exemplarisch für die Autosuggestion das Verfahren von Emile Coué und für die Auto- und Selbsthypnose das Verfahren der ›gestuften Aktivhypnose‹ von Ernst Kretschmer beschreiben.

Die bewußte Autosuggestion nach Coué

Die Methode, die Coué Anfang des 20. Jahrhunderts entwickelte, wurde zwar heftig kritisiert, übte jedoch unbestreitbar einen bedeutenden Einfluß auf die Entwicklung autosuggestiver Techniken in der Psychotherapie aus.

Coué geht zum einen davon aus, daß sich die Suggestion erst nach der Aufnahme in das Unterbewußtsein in eine Autosuggestion umwandelt. Die Folge ist, daß sich das suggestiv Vorgestellte dann auch tatsächlich verwirklicht: »Jeder Gedanke, der unseren Geist ausschließlich beherrscht, wird für uns zur Wahrheit und drängt darauf, Wirklichkeit zu werden.«

Werden positive Autosuggestionen bewußt angewendet, so stellen sie eine enorme Kraft dar, die innere Ordnungs- und Heilvorgänge vorantreibt und die Fähigkeit eines jeden steigert, seine unbewußten Kräfte, sein Leben und sein Schicksal besser zu steuern und zu meistern. Coué sprach von »Selbstbemeisterung durch Autosuggestion«.

Das Ziel des Apothekers Coué bei dieser Methode der dauernden Bewußterhaltung eines suggestiven Inhalts war es, störende, eine Krankheit oft erst verschlimmernde Momente auszuschalten und das seelische Leben positiv zu beeinflussen.

Natürlich hat Coué sich auch über die Wirksamkeit von Suggestionen Gedanken gemacht bzw. die Verhinderung ihrer Wirksamkeit überdacht. So erkannte er, daß eine Vorstellung nur dann entscheidenden Einfluß auf unbewußte Bestrebungen ausübt, wenn es gelingt, zu verhindern, daß diese Vorstellung allein im Bereich der bewußten Motivation bleibt. Coué geht davon aus, daß Autosuggestion möglich ist, weil die menschliche Vorstellungskraft stärker als der Wille ist. Das bedeutet auch: Selbst wenn anfangs die Suggestionen durch kritischen Verstand, Zweifel und Mißtrauen nicht wirksam werden können, lösen sich diese Zweifel und Hemmungen bei regelmäßiger Übung und festem Glauben an die Methode auf. Die Autosuggestionen setzen die Gestaltungskräfte des Unbewußten in Gang, und mit wachsendem Vertrauen und Glauben an die eigene Autosuggestion verbessern sich die Ergebnisse.

Dieses Vertrauen und diesen Glauben gewinnen Sie nur dadurch, daß Sie's einfach tun! Beachten Sie bitte dabei, daß bei kleinen Suggestionen, wie z. B. für das Schwere- und Wärmegefühl in den Gliedern, mit schnelleren Erfolgen zu rechnen ist als bei den großen Suggestionen.

Je größer Ihr angestrebtes Ziel ist, desto mehr Ausdauer, Geduld und konsequenter Anwendung der Suggestion bedarf es, bis sich eine positive Wirkung einstellen kann.

Zentraler Bestandteil der Methode Coués ist der Glaube an den Erfolg, da hierdurch die Kräfte des Unbewußten in Richtung Erfolg gesteuert werden. Welche Kräfte freigesetzt werden und wie die Suggestionen wirken, hängt also von Ihrem Vertrauen und von Ihrer inneren Überzeugung ab, den Erfolg auch verdient zu haben.

Übung 2 Wiederholen Sie mehrmals täglich innerlich, etwa zwanzigmal, Coués Zentralformel: »Es geht mir jeden Tag in jeder Hinsicht immer besser und besser.« Achten Sie darauf, Ihren Willen dabei nicht anzuspannen.

Übung 3 Nehmen Sie eine dickere, weiche Schnur, in welche Sie in regelmäßigen Abständen zwanzig Knoten knüpfen. Überlegen Sie sich genau, welches Ziel Sie erreichen wollen, und formulieren Sie dieses Ziel in einem kurzen, präzisen Satz. Jeder starke persönliche Wunsch, der die Rechte anderer Menschen nicht verletzt, ist hierbei möglich. Stehen Sie beispielsweise vor einer wichtigen Prüfung, so könnte Ihre Formel lauten: »Ich schaffe es.« Nachdem nun Ihr Ziel feststeht, wenden Sie täglich diese Formel in Form einer Autosuggestion an. Es hat sich bewährt, dies abends zu tun. Jeden Abend, wenn Sie zu Bett gehen, nehmen Sie Ihre Knotenschnur zur Hand und wandern mit den Fingern nacheinander von Knoten zu Knoten. Jedesmal, wenn Sie einen Knoten berühren, sagen Sie sich Ihre Formel, also in unserem Beispiel: »Ich schaffe es.«

Die gestufte Aktivhypnose nach Kretschmer

Die gestufte Aktivhypnose ist eine Form der Selbsthypnose. Dieses Verfahren ist eine Kombination des Autogenen Trainings von Johannes H. Schultz (s. Kapitel ›Entspannung‹) mit der Hypnose. Der bekannte Psychiater Ernst Kretschmer stellte bei seinen Klienten Unterschiede in der Entspannungsfähigkeit bzw. Gespanntheit fest. So kam er schließlich zu der Aussage, daß bestimmte Gefühle mit einer bestimmten Muskelspannung einhergehen. Er ließ seine Klienten erst einige Übungen des Autogenen Trainings durchführen (Schwere- und Wärmeübung). Im Anschluß an diese Entspannungsübungen für die Muskulatur und Gefäße sollte der Klient dann seinen eigenen Finger fixieren. Hierdurch erreicht man die sogenannte Innen-Oben-Stellung der Augäpfel, die schon immer dazu benutzt wurde, um schnell und nachhaltig einen Versenkungszustand herzustellen (im Yoga entspricht das der Konzentration auf das ›Dritte Auge‹, den Punkt zwischen den Augenbrauen). Diese Innen-Oben-Stellung löst direkt einen physiologischen Schaltmechanismus im Gehirn aus. Er beruht auf einem angeborenen Reflex, der zu einem Muskelspannungsverlust, der Ruhigstellung von Gliedern und Gelenken und der Minderung des Wachbewußtseins führt. Nun tritt bei dem Übenden ein hypnoider, d. h. hypnoseähnlicher Zustand ein.

Die Kombination der konzentrativen Übungen des Autogenen Trainings mit der Konvergenzstellung der Augen, dem sogenannten konzentrativen Blick, führt zu einer verstärkten Vertiefung und Umschaltung aller körperlichen Vorgänge. Statt des Fingers kann auch eine tickende Uhr fixiert werden, damit zum optischen Reiz auch noch ein akustisch-rhythmischer hinzukommt – was wiederum die Erreichung des hypnoiden Zustands erleichtert. Die gestufte Aktivhypnose von Kretschmer ist eine sehr bedeutende Kombination von Entspannung und Autohypnose. Dabei soll der Klient von Anfang an selbst üben. Diese äußerst effektive Methode kann immer angewendet werden, ist jedoch besonders bei psychosomatischen Beschwerden und Schlafstörungen wirkungsvoll.

Übung 4 Begeben Sie sich in die entspannte Rückenlage. Lockern Sie Ihre Kleidung und schließen Sie die Augen. Sagen Sie sich innerlich mehrere Male: »Ich bin ganz ruhig.« Fahren Sie fort mit der Formel: »Arme und Beine sind ganz warm.« Öffnen Sie nun die Augen und heben Sie einen Ihrer Zeigefinger. Halten Sie ihn im Abstand von 10 bis 15 Zentimetern vor Ihre Augen. Fixieren Sie Ihren Finger so lange, bis Sie sich in einem Zustand tiefer Entspannung befinden. Wenn Sie sich schon persönliche Suggestionen erarbeitet haben, beginnen Sie, sich diese Suggestionen einzugeben. Wiederholen Sie sie etwa zwanzigmal. Haben Sie noch keine bestimmte Suggestion, sprechen Sie sich innerlich die Zentralformel von Coué vor: »Mir geht es jeden Tag in jeder Hinsicht immer besser und besser.« Schließen Sie die Augen kurz, atmen Sie tief durch, öffnen Sie die Augen wieder und stehen Sie langsam auf.

Die Wirksamkeit Ihrer Suggestion

Ich möchte nun im folgenden mit Ihnen zusammen Ihre ganz persönlichen Autosuggestionen erarbeiten. Zunächst die Grundregeln, die Sie alle beachten sollten, um die Wirksamkeit Ihrer Suggestion zu gewährleisten.

Regel 1: Formulieren Sie Ihre Suggestionen nicht in der Zukunfts-, sondern in der Gegenwartsform, selbst wenn das unlogisch erscheint. Tatsächlich gehen Sie davon aus, daß Ihr Wunsch bereits verwirklicht ist, und zwar in Ihrem Geist. Alles, was in Ihrem realen Leben in Erscheinung tritt, wurde nämlich vorher schon auf der gedanklich-geistigen Ebene erschaffen. Sagen Sie also z. B. nicht: »Ich werde eine neue Arbeitsstelle bekommen« – sondern: »Ich habe jetzt eine neue Arbeitsstelle«.

Regel 2: Formulieren Sie Ihre Suggestionen immer positiv. Bekräftigen Sie das, was Sie möchten. Denn Sie wissen ja: Sie erschaffen das, was Sie denken, in der Wirklichkeit, und Sie möchten ja nicht das Negative erschaffen. Formulieren Sie also z. B.: »Ich habe genügend Geld« statt: »Ich habe keine Schulden mehr«. (Im letzteren Fall würden Sie nämlich ständig an Schulden denken – und sie dadurch gerade erschaffen.)

Regel 3: Wählen Sie nur Suggestionen, an die Sie auch glauben können. Der Erfolg ist schwerer zu erreichen, wenn Sie Ihren eigenen Suggestionen ständig innerlich widersprechen. Suggerieren Sie sich z. B. nicht »Ich bin Lotto-Millionär«, wenn Sie gleichzeitig jedesmal denken: »Quatsch, das ist gar nicht möglich«. Besser wären hier Suggestionen in der Art von: »Geld fließt mir jetzt reichlich zu«. Damit legen Sie sich nicht fest, und Geld kann schließlich von überall her kommen. Die Couésche Formulierung »immer besser und besser« oder »immer mehr und mehr« ist ein guter Ausweg, wenn man seine Suggestion für sich glaubwürdiger machen will.

Hier nun einige Vorschläge für Suggestionen, die sich immer bewährt haben:

Ich kann – ich kann – ich kann
Ich kann – ich will – ich werde
Was ich liebe, kommt zu mir
Alle meine Energien fließen frei
Ich bin jetzt positiv
Ich liebe das Leben und das Leben liebt mich
Ich vertraue meiner inneren Führung
Ich ruhe im Zentrum meines Seins
Ich habe mich für das Glück entschieden
Ich bin erfolgreich
Ich bin in Harmonie mit mir
Ich bin der Meister meines Lebens
Ich liebe mich so wie ich bin
Ich bin kreativ und erfolgreich
Ich liebe meine Arbeit und werde reichlich für sie entlohnt
Ich habe jetzt liebevolle und glückliche Beziehungen
Ich weiß, daß ich es schaffe

Oder, falls Sie spirituell eingestellt sind (aber auch nur dann):

Gott führt mich auf allen meinen Wegen
Das Licht Gottes umgibt mich, und alles ist gut
Ich bin das Licht meiner Welt
Die universale Intelligenz leitet mich bei allen meinen Vorhaben
Ich bin Bewußtsein

Natürlich können Sie Suggestionen auch anwenden, wenn Sie ein ganz bestimmtes, auch banales Problem ansprechen wollen. Zum Beispiel:

Mein Nacken (Bauch, Schultern, Füße...) ist/sind angenehm warm
Ich schlafe von Nacht zu Nacht immer besser und besser
Ich trinke nur noch wenig Alkohol
Zigaretten sind mir ganz und gar gleichgültig
Ich esse wenig und bewußt und fühle mich dabei sehr wohl
Ich habe Freude an körperlicher Bewegung

Ich habe sehr ausführlich über die Wirkung von Hypnose und Autosuggestion gesprochen. Nun bleibt nur noch, daß Sie Ihre ganz persönlichen Suggestionen finden. Bitte erinnern Sie sich dazu an Ihren ›innigsten Wunsch‹ oder die zwei oder drei Wünsche, die Sie am Anfang dieses Buches ausgewählt haben. Formulieren Sie jetzt eine Suggestion für jeden Wunsch oder wählen Sie eine Ihnen passend erscheinende aus meinen Vorschlägen aus.

Meine Suggestionen:

Für den ersten Wunsch: ______________________________

____

____

Für den zweiten Wunsch: ______________________________

____

____

Für den dritten Wunsch: ______________________________

____

____

Natürlich können Sie auch Suggestionen im Alltag verwenden, die nicht Ihre zentralen Lebenswünsche betreffen, mit denen Sie aber alltägliche Unpäßlichkeiten und Konflikte bewältigen können (vorübergehende gesundheitliche Störungen, schlechte Gewohnheiten, akute berufliche Probleme, Prüfungen usw.). Notieren Sie diese Suggestionen, die nicht auf Ihre zentralen Lebensziele gerichtet sind, aber Ihr Leben angenehmer gestalten sollen, hier:

Denken Sie daran, daß Sie von nun an ständig mit den von Ihnen gewählten Suggestionen umgehen müssen, bis Sie das Ziel, auf das sie gerichtet sind, erreicht haben. Und Sie wissen ja: Je größer das Ziel, desto mehr Geduld müssen Sie haben! Es ist möglich, daß Sie plötzlich Ihr Ziel verändern. Dann wäre es unsinnig, eine unpassende Suggestion beizubehalten. Ändern Sie in diesem Fall die Suggestion so ab, daß sie wieder paßt.

Sie werden also von nun an regelmäßig Autosuggestion betreiben. Sie können das auf verschiedene Arten tun, wobei sich die Möglichkeiten gegenseitig nicht ausschließen, sondern ergänzen.

Fassen wir zusammen: Sie können Autosuggestion betreiben

- indem Sie positiv denken
- in der Entspannung, z. B. Oberstufe Autogenes Training
- während Ihrer Atemübungen
- in der Meditation
- nach Coué oder Kretschmer
- bei der Imagination (siehe folgendes Kapitel)
- bei der Farbtherapie (siehe Technik Nr. 9)
- vor dem Einschlafen, kurz nach dem Aufwachen, wenn Sie schon oder noch entspannt sind
- im Alltag, z. B. im Auto, in der Straßenbahn, bei Haushaltsarbeiten, wenn Sie irgendwo warten müssen usw. Vermeiden Sie dabei aber jede Willensanspannung
- durch lautes Aussprechen (das gesprochene Wort hat ›Autorität‹) und durch wiederholtes Aufschreiben (das beeindruckt Ihr Unterbewußtsein).

Ich bin ganz sicher: Wenn Sie einmal damit angefangen haben, Autosuggestion zu betreiben, können Sie sich ein Leben ›ohne‹ nicht mehr vorstellen:

Worte sind die mächtigste Droge,
welche die Menschheit benutzt

Rudyard Kipling

Technik Nr. 6

Imagination

Imagination ist die menschliche Vorstellungskraft, die Einbildungskraft. Jeder Mensch ist fähig, mehr oder weniger gut, sich bestimmte Dinge und Situationen vorzustellen und diese Situationen in Gedanken auszumalen. Das Vorstellungsvermögen eines Menschen kann trainiert werden.

Machen Sie doch einmal folgenden Versuch:

Übung 1 Setzen Sie sich bequem hin, schließen Sie die Augen und versuchen Sie, sich eine Wiese mit blühenden Blumen vorzustellen. Malen Sie diese Vorstellung in Gedanken aus, bemühen Sie sich, die Farbe der Blumen zu sehen, das Grün der Wiese, das Blau des Himmels usw.

Übung 2 Setzen Sie sich bequem hin, schließen Sie die Augen, konzentrieren Sie sich und versuchen Sie, sich einen Menschen vorzustellen, den Sie mögen. Malen Sie sich innerlich das Bild dieses Menschen möglichst genau aus. Wie sieht sein Gesicht aus? Welche Figur hat er? Wie sind seine Körperhaltungen? Welche Kleidung trägt er? Wie klingt seine Stimme?

Wenn Sie diese beiden Übungen durchgeführt haben, werden Sie verstehen, was menschliche Imagination bedeutet. Diese Fähigkeit, vor dem geistigen Auge Bilder zu sehen, ja ganze ›Filme‹ ablaufen zu lassen, wird von den Imaginationstechniken genutzt. In diesem Verfahren läßt man Menschen beliebige Situationen gedanklich erleben, um Rückschlüsse auf die Persönlichkeit und eventuell bestehende Probleme zu ziehen (siehe dazu das folgende Kapitel ›Der gelenkte Wachtraum‹) und/oder Verhaltensänderungen zu erzielen.

Imagination spielt eine wesentliche Rolle in der Verhaltenstherapie. Die Verhaltenstherapie basiert auf Anwendung von experimentell gewonnenen psychologischen Gesetzmäßigkeiten. Dieser Ansatz, der davon ausging, daß psychische Störungen stets auf dem Gebiet des Verhaltens offenbar werden, umfaßt heute sehr viele verschiedene Verfahren, darunter auch Imaginationstechniken. Sie haben sich bei der Beseitigung der unterschiedlichsten Verhaltensauffälligkeiten und bei psychischen Störungen als erfolgreich erwiesen.

Die kognitiven, d. h. das Denken und die Erkenntnis betreffenden Verfahren in der Verhaltenstherapie gehen davon aus, daß Gedanken und Imaginationen in ähnlicher Weise wie offen beobachtbares Verhalten zu betrachten und somit auch zu beeinflussen sind.

Diese Beeinflussung nennt man Konditionierung. Unter Konditionierung versteht man die Erzeugung bedingter Reaktionen. Diese bedingten Reflexe gehen auf Gewöhnung zurück, werden gelernt. Ein sehr bekanntes Beispiel einer Konditionierung ist der Pawlowsche Hund. Pawlow konnte um die Jahrhundertwende zeigen, daß der Hund, der beim Anblick von Futter automatisch Speichel absondert, nach mehrmaligem Koppeln des Fütterns an einen Glockenton später auch dann Speichel absonderte, wenn der Glockenton ertönte und gar kein Futter vorhanden war. So war also ein bedingter Reflex entstanden.

Der Lernvorgang bezieht sich darauf, daß man Reaktionen an bisher neutrale Reize (z. B. einen Glockenton) koppelt, die sie in der Folge allein auslösen können.

Gemäß der Lerntheorie erwirbt und verliert der Mensch Verhaltensweisen durch die Konsequenzen, die das Verhalten nach sich zieht. Einfach ausgedrückt besagt das, daß ein Verhalten, das belohnt wird, häufiger auftreten wird. Auf der anderen Seite wird eine Reaktion, deren Auftreten negative, unangenehme Folgen hat, in Zukunft wahrscheinlich ausbleiben oder sich zumindest verringern. Ein Kind, das für braves Verhalten von seiner Mutter belohnt wird, wird dieses Verhalten in Zukunft öfter zeigen, um diese Belohnung oder das Lob der Mutter zu erhalten. Ebenso wird ein Kind, das einmal auf eine heiße Herdplatte gefaßt hat, dies in Zukunft aufgrund der dabei empfundenen Schmerzen wahrscheinlich nie wieder tun. Ebenso lassen sich kognitive, das heißt gedankliche Reaktionen beeinflussen.

Im folgenden werde ich exemplarisch zwei verhaltenstherapeutische Techniken beschreiben, bei denen das bildhafte Erleben eine wesentliche Rolle spielt: die systematische Desensibilisierung von Joseph Wolpe und Imaginationstechniken von Arnold Lazarus.

Systematische Desensibilisierung von Wolpe

Die systematische Desensibilisierung nach Josef Wolpe ist eine sehr effektive Methode, vor allem zum Abbau von Ängsten. Nachfolgend soll exemplarisch die Durchführung dieser Technik zur Behandlung einer Spinnenphobie, also einer stark ausgeprägten Angst vor Spinnen beschrieben werden.

Zuerst stellen der Therapeut und der Klient gemeinsam eine Angsthierarchie auf. Hierzu werden alle Einzelsituationen gesammelt, in denen der Klient Angst empfindet. Sodann muß der Klient diese Situation nach der Stärke der auslösenden Angst beurteilen, was zumeist auf einer Skala von 0 bis 100 geschieht. Ein Wert von 0 würde also bedeuten, daß die betreffende Situation keinerlei Angst auslöst, wohingegen der Wert 100 einer Situation zugeschrieben wird, in welcher die größte Angst durchlebt wird. Danach werden alle Situationen in eine Rangfolge gebracht. Dieses Vorgehen soll an einem Beispiel verdeutlicht werden.

Als angstauslösende Situation nennt der Klient

100	»Eine Spinne sitzt auf meiner Hand«
80	»Eine Spinne kriecht auf mich zu«
60	»Ich sehe eine Spinne an der Wand sitzen«
40	»Ich sehe die Fotografie einer Spinne«
20	»Ich stelle mir gedanklich eine Spinne vor«
0	»Keine Spinne in Sicht, ich tue etwas Angenehmes«

Dann erlernt der Klient, sich mit Hilfe der Progressiven Muskelrelaxation (die ich im Kapitel ›Entspannung‹ beschrieben habe) zu entspannen. Es werden also nacheinander verschiedene Muskelgruppen des Körpers gespannt und wieder entspannt. Wenn der Klient in der Lage ist, sich mit dieser Technik binnen kurzer Zeit zu entspannen, geht man nun an die Behandlung der Angst. Zuerst entspannt sich der Klient nach der erlernten Methode. Im entspannten Zustand erhält er dann die Anweisung, sich die Situation vorzustellen, die am wenigsten Angst auslöst. Sobald der Klient bei dieser Vorstellung Angst verspürt, hebt er den Finger. Dann gibt ihm der Therapeut die Anweisung, die Vorstellung abzubrechen und sich zu entspannen. Man geht dann zurück zu der Situation, die angstfrei erlebt werden kann. Wenn der Klient sich die Situation vorstellen kann ohne jegliche Angstreaktion, wird dieselbe Vorstellung zwei- bis dreimal wiederholt. Danach geht man zur nächsten Situation weiter und arbeitet auf diese Weise die gesamte Hierarchie durch, bis es, um auf unser Beispiel Bezug zu nehmen, dem Klienten möglich ist, sich ohne Angst vorzustellen, daß ihm eine Spinne auf der Hand sitzt.

Die entscheidende Rolle bei diesem anerkannten und sehr effektiven Verfahren spielt also die Imagination. Wesentlich dabei ist, daß diese Imagination nicht einfach ein ›Hirngespinst‹ ist, sondern das tatsächliche Verhalten beeinflußt! In unserem Beispiel einer Spinnenphobie würde das bedeuten, daß die Person, die sich in tiefer Entspannung vorstellen kann, eine Spinne zu berühren, dies später auch in der Wirklichkeit, also nicht nur in ihrer Vorstellung vermag.

Wie ich schon sagte, ist die systematische Desensibilisierung vor allem bei Ängsten aller Art angezeigt. Dabei sind die Erfolgsaussichten der Methode um so größer, je konkreter und fester umrissen der auslösende Reiz ist – z. B. bei Ängsten vor Höhe, offenen Plätzen, spitzen Gegenständen, geschlossenen Räumen, vor dem Fliegen, Autofahren oder dem Kontakt mit bestimmten Menschen und Tieren. Auch Angst in Zusammenhang mit Depressionen sowie Asthma und sexuelle Probleme können behandelt werden.

Imagination nach Lazarus

Arnold Lazarus, ein bekannter Verhaltenstherapeut, geht davon aus, daß innere Vorstellungen und Bilder das seelische Wohlbefinden, das Selbstwertgefühl und das Auftreten eines Menschen wesentlich beeinflussen. Durch den richtigen Einsatz seiner inneren Bilder und durch konsequentes positives Denken kann der Mensch ein unmittelbares Gefühl der Selbstsicherheit erreichen, mehr Energie und Ausdauer entwickeln und neue eigene Fähigkeiten für viele produktive Zwecke erschließen. Mit Hilfe eigener Phantasie-Bilder kann man Furcht, Angst, Minderwertigkeitskomplexe und viele andere negative Gefühle überwinden. Lazarus beschreibt einige sehr effektive Vorstellungstechniken. Als Beispiel sei hier kurz die Methode des ›idealisierten Selbstbildes‹ erläutert. Diese Methode ist vor allem für Menschen geeignet, die unter mangelndem Selbstvertrauen und schwachem Selbstwertgefühl leiden.

Am Anfang steht eine körperliche Entspannung mit Hilfe einer der Entspannungstechniken wie z. B. dem Autogenen Training. Man stellt sich dann vor, über Qualitäten und Fähigkeiten zu verfügen, die man gerne hätte. Wichtig ist, daß dieses idealisierte Selbstbild auch im Bereich der eigenen Möglichkeiten liegt und innerhalb eines relativ kurzen Zeitraumes erworben werden kann. Das Ziel sollte klar und präzise formuliert und vorgestellt werden. Man versucht, vor seinem geistigen Auge dieses idealisierte Selbstbild und das tatsächliche Selbstbild genau zu vergleichen. Dadurch ist es möglich, bestimmte Ziele zu definieren und aktiv zu versuchen, die neuen erwünschten Verhaltensweisen zu erlangen. Man sollte sich an etwas, das man gut gemacht hat, erinnern. Dies ist förderlich für den Aufbau eines gestärkten Selbstbewußtseins. Bei dieser Imagination sollte man alle angenehmen Gefühle bewußt wahrnehmen und festhalten und sodann versuchen, dieses Gefühl des Erfolges und Gelingens auf die derzeitigen Aktivitäten zu übertragen. Immer wieder sollte man sich dieses Bild vor Augen halten und beginnen, wie das idealisierte Selbstbild zu handeln und zu fühlen. Diese Methode, die eine Ermutigungstechnik darstellt, ist vor allem einzusetzen, wo es um den Aufbau von Selbstvertrauen und positiver Lebenseinstellung zu sich selbst geht und wo Personen für ihre eigene Entwicklung keine Zukunft mehr sehen. Auch bei depressiven Reaktionen, sozialen Ängstlichkeiten und Abhängigkeiten wie Alkoholismus und Fettsucht wurde die Technik des idealisierten Selbstbildes schon erfolgreich angewendet.

Dies war nur eine der zahlreichen von Lazarus beschriebenen Techniken, die alle die menschliche Vorstellungskraft dazu benutzen, die Persönlichkeit und das Verhalten positiv zu verändern.

Übung 3 Vergegenwärtigen Sie sich etwas, das Sie gerne sein oder tun möchten und das eine klare und bildhafte Gestalt hat (z. B. ein guter Tennisspieler, ein graziöses Modell, ein guter Redner zu sein, sicheres Auftreten, Schlankheit zu besitzen usw.). Begeben Sie sich in die entspannte Rückenlage oder den Droschkenkutschersitz und führen Sie die Grundübung des Autogenen Trainings durch (siehe Kapitel ›Entspannung‹).

Nun stellen Sie sich bildlich vor, wie Sie in Ihrem erträumten Zustand aussehen und handeln (also hervorragend Tennis spielen, professionell über einen Laufsteg schreiten, Ihre schlanke und schöne Figur im Spiegel bewundern, vor einem faszinierten Publikum eine Rede halten o. ä.). Versuchen Sie dabei, ein intensives Gefühl der Freude über Ihr neues ›Ich‹ zu empfinden.

Ich möchte nun noch näher darauf eingehen, wie Sie die Technik der Imagination für das Mentaltraining nutzen können. Das Wichtigste dabei ist, daß Sie das Imaginieren (oder, wie es auch genannt wird, das Visualisieren) zu einem festen Bestandteil Ihres Lebens machen. Das kostet Zeit, erfordert nur eine kleine Umstellung in Ihrer gewohnten Art zu denken – und diese kleine Mühe der Umstellung wird Sie reichlich belohnen!

Der Erfolg der Imagination hängt im wesentlichen von drei Faktoren ab. Über zwei davon habe ich schon wiederholt in diesem Buch gesprochen:

1. Einen starken Wunsch, ein klares Ziel haben.
2. Unerschütterlich und geduldig an die Verwirklichung dieses Wunsches, dieses Zieles glauben.
3. Das Annehmen des Angestrebten. Dieser dritte Faktor scheint banal zu sein, doch er kann zum entscheidenden werden.

Sagen Sie nicht, das wäre doch selbstverständlich! Machen Sie bitte einmal folgende Übung.

Übung 4 Entspannen Sie sich, schließen Sie die Augen und stellen Sie sich vor, daß jemand, den Sie kennen, oder auch ein Unbekannter auf Sie zukommt und Ihnen voller Bewunderung sagt, was er alles an Ihnen schätzt und liebt, und daß Sie rundherum eine tolle Person sind. Stellen Sie sich weiter vor, daß einige weitere Leute dazukommen und bestätigen, was der erste über Sie gesagt hat. Alle loben Sie, machen Ihnen Komplimente und bringen ihre Zuneigung und Bewunderung deutlich zum Ausdruck. Immer mehr Menschen strömen nun zusammen und äußern laut die höchste Anerkennung Ihrer Person. Nun werden Sie gedrängt, sich auf ein Podium zu stellen und Hunderte, ja Tausende von Menschen jubeln und klatschen. Genießen Sie diesen Applaus und bedanken Sie sich mit einer Verbeugung für die Zuneigung dieser Menschen.

War Ihnen das ein bißchen peinlich? Wenn ja, dann sollten Sie diese Übung öfter machen. Viele Menschen mit einem geringen Selbstwertgefühl haben nämlich Schwierigkeiten, Gutes von anderen anzunehmen. Sie sehnen sich oft fast verzweifelt nach Liebe und Anerkennung, aber wenn ihnen dann tatsächlich jemand ein Kompliment macht, wehren Sie es ab und stammeln so etwas wie »nicht der Rede wert«. Ihr Wunsch kann sich aber nur verwirklichen, wenn Sie bereit sind, seine Realisierung anzunehmen, und nicht vor Schreck zurückweichen, wenn es endlich soweit ist...

Sie haben schon gemerkt, daß es bei der Imagination darauf ankommt, klare innere Bilder von einer Situation zu schaffen, die (noch) nicht mit Ihrer gegenwärtigen Realität übereinstimmt. Um diese beiden Erlebniswelten gleich plastisch nebeneinander bestehenlassen zu können, gibt es ein paar lustige Übungen.

Übung 5 Schließen Sie die Augen, strecken Sie die Arme parallel nach vorne und machen Sie ein paar Kniebeugen. Stellen Sie sich dabei vor, Sie würden radfahren.

Übung 6 Schauen Sie in den Spiegel. Stellen Sie sich eine andere Haarfarbe und Frisur vor, als Sie sie haben. Sind Sie z. B. blond und kurzhaarig, stellen Sie sich eine scharze Mähne vor – sind Ihre Haare dunkel und lockig, wie wäre es mit einer blonden Mecki-Frisur...

Übung 7 Wenn Sie tanzen, stellen Sie sich währenddessen einen ganz anderen Tanz vor: beim Wiener Walzer einen Rock 'n' Roll, beim Foxtrott einen Tango usw. (Das ist gar nicht so leicht, ohne dabei aus dem Takt zu kommen!)

Sie erlernen die Technik der Imagination, um Ihre ganz speziellen Ziele und Wünsche und Vorhaben zu verwirklichen. Neben dem ›idealisierten Selbstbild‹ von Lazarus, mit dem ich Sie schon bekannt gemacht habe, gibt es noch eine

Reihe anderer Imaginationsverfahren, mit Hilfe derer Sie auch kompliziertere Wünsche und Lebenssituationen ›darstellen‹ können, als dies beim idealisierten Selbstbild möglich ist.

Übung 8 Begeben Sie sich in die entspannte Rückenlage oder in den Droschkenkutschersitz. Schließen Sie die Augen und entspannen Sie sich (Autogenes Training oder Progressive Muskelrelaxation). Stellen Sie sich nun ein Symbolbild für Ihren Wunsch vor (z. B. einen Kontoauszug mit einem hohen Guthaben, einen Schreibtisch in einem Top-Manager-Büro, an dem Sie sitzen, den Traumpartner...). Hüllen Sie dieses Phantasiebild in eine rosarote Seifenblase (Rosa ist eine ›Herz‹-Farbe). Lassen Sie diese Seifenblase, in der Ihr Symbolbild enthalten ist, nun in die Luft steigen. Stellen Sie sich vor, daß Sie weit, weit in das Universum hinausschwebt, so lange, bis sie ganz entschwunden ist (damit geben Sie einerseits Ihren Wunsch frei und ermöglichen andererseits gleichzeitig, daß er genügend geistige Energien sammeln kann, um auf diese Weise zur Wirklichkeit zu werden).

Falls Ihnen dieses vollständige Loslassen doch ein bißchen zu unheimlich ist, können Sie auch folgende Übung öfters nachvollziehen.

Übung 9 Setzen oder legen Sie sich entspannt hin und geben Sie Ihr Wunschbild in die rosa Seifenblase. Stellen Sie sich nun vor, daß die Seifenblase immer kleiner wird, dabei aber auch immer kompakter. Zum Schluß ist sie eine rosa Murmel, in der Ihr Wunschbild fest eingeschlossen ist. Nehmen Sie nun diese magische Murmel, stecken Sie sie in Ihre Tasche und stellen Sie sich vor, daß Sie sie ständig bei sich tragen, wo immer Sie auch sind.

Ich möchte nun mit Ihnen zusammen eine zentrale Imaginationstechnik erarbeiten, die Sie zu jeder Zeit auch in Ihrem Alltag anwenden sollten.

Übung 10 Nehmen Sie bitte Papier und Bleistift zur Hand, ziehen Sie sich in ein ruhiges Zimmer zurück. Denken Sie an Ihren innigsten Wunsch bzw. zunächst einmal an einen Ihrer zwei oder drei wichtigsten Wünsche. Nun stellen Sie sich vor, Sie müßten einem anderen Menschen, der keine Ahnung von diesem Wunsch hat, in einem Stummfilm(!) von etwa 10 Sekunden Dauer unmißverständlich klarmachen, um was es sich dabei handelt. Sie sind jetzt Ihr eigener Regisseur, Schauspieler, Kameramann und Ausstatter und entwerfen diesen Film. Drei bis fünf prägnante Szenen, die sich auf das Wesentliche beschränken, genügen.

Ich möchte Ihnen ein Beispiel geben. Nehmen wir an, Sie sind zur Zeit ein gutverdienender, aber gelangweilter Verkäufer an einer Würstchenbude. Da Sie sich durch berufliche Weiterbildung zum Betreiber eines Restaurants qualifiziert haben, über einen guten Geschäftssinn und natürliche Kontaktfähigkeit verfügen, haben Sie als Ihren innigsten Wunsch formuliert: »Ich bin der Besitzer eines gutgehenden Spezialitätenrestaurants.« Nehmen wir weiter an, dies soll ein kleiner, gemütlicher ›Italiener‹ sein – dann könnte Ihr Stummfilm zum Beispiel so aussehen:

Die Kamera fährt langsam auf eine Häuserfront zu, bis sie auf der Fassade eines einladend aussehenden Restaurants stehenbleibt. Nun kann man ganz groß den Namen dieses Restaurants lesen, z. B. ›San Marco‹.

Jetzt kommt ein Schnitt: Man sieht das Innere dieses Restaurants. Es herrscht ein angenehmes, freundliches Licht, eine gemütliche Atmosphäre. Die Einrichtung ist geschmackvoll ausgesucht, jeder Tisch ist besetzt. Alle Gäste unterhalten sich angeregt. Nun fährt die Kamera auf einen Tisch zu. Hier sitzen mehrere Gäste, alle essen verschiedene italienische Köstlichkeiten mit großem Genuß. Nun schwenkt die Kamera auf Sie.

Jetzt sind Sie zugleich der Hauptdarsteller dieses Films! Sie spüren ganz konkret, wie Sie mit hochzufriedenem Gesichtsausdruck an den Tischen vorbeigehen, sich verbeugen. Sie sehen an den Gesichtern der Gäste, daß alle hochzufrieden sind.

Wieder Schnitt: Es ist offensichtlich Feierabend, und Sie rechnen ab. Sie lächeln, sind glücklich und halten die Abrechnung hoch. Die Kamera fährt darauf zu, und man erkennt einen Betrag, der hohen Umsatz anzeigt.

Ich habe Ihnen ein so ausführliches Beispiel gegeben, damit deutlich wird, wie intensiv und liebevoll Sie sich mit Ihrem kleinen Film beschäftigen sollten.

Wenn Sie alles genau ausgetüftelt haben, schreiben Sie bitte in Stichworten die Regieanweisung für ein bis drei Filme hier nieder.

Mein innigster Wunsch: ____________________

____

____

____

____

____

Mein zweiter Wunsch:

Mein dritter Wunsch:

Diesen Film sollten Sie sich nun mehrmals täglich in Ihrem Kopfkino vorspielen, und zwar

- in der Tiefenentspannung
- vor dem Einschlafen, kurz nach dem Aufwachen
- in Zug, Flugzeug, Straßenbahn, als Beifahrer im Auto, in der Badewanne, in einem Wartezimmer usw. (Also immer, wenn Ihre unmittelbare Aufmerksamkeit nicht gefordert ist und Sie für kurze Zeit die Augen schließen können.)

In der Tiefenentspannung können Sie Ihre Filme sehr gut mit den im Kapitel ›Hypnose und Autosuggestion‹ erarbeiteten, diesem Wunsch entsprechenden Suggestionen verbinden. (In meinem Beispiel also: »Ich bin Besitzer eines gutgehenden Spezialitätenrestaurants.«)

Die Verbindung von Entspannung, positiver Autosuggestion und Imagination ist optimal erfolgversprechend.

Nur wer träumt,
ist Realist…

Technik Nr. 7

Der gelenkte Wachtraum

Die verschiedenen Techniken des gelenkten Wachtraumes sind mit der Imagination, die ich im vorherigen Kapitel vorgestellt habe, eng verwandt. Sie greifen allerdings sehr viel tiefer in die menschliche Psyche ein, öffnen den Zugang zu unterbewußten, oft konfliktgeladenen, seelischen Schichten. Während Sie mit Imagination hervorragend alleine arbeiten können, sollten Sie mit den Techniken des gelenkten Wachtraumes vorsichtig umgehen. Sobald bei den am Ende des Kapitels vorgestellten Übungen Probleme (vor allem Ängste) auftreten, sollten Sie damit aufhören und besser zu einem Hypnosetherapeuten gehen. In der Hand eines Therapeuten sind die Techniken des gelenkten Wachtraumes ein ausgezeichnetes Mittel, Konflikte aufzudecken und zu analysieren, oder die selbstheilende Kraft des Imaginierens zu überwachen.

Ich möchte Ihnen nun drei anerkannte und höchst effektive Verfahren vorstellen.

Das Katathyme Bilderleben von Leuner

Das Wort ›katathym‹ kommt aus dem Griechischen (›kata‹ heißt ›gemäß‹ und ›thymos‹ das ›Gemüt‹). Dieses Imaginationsverfahren wurde von Hanscarl Leuner 1954 erstmals beschrieben. Es ging unmittelbar aus dem ›Bildstreifendenken‹ hervor, das Kretschmer in die Psychotherapie einführte. Hierbei tritt durch das Denken in Bildern ein Zurückfallen in die kindliche Art des bildhaften, mit Gefühlen besetzten Denkens und Vorstellens. Leuner bezeichnet seine Methode als psychoanalytisch orientiertes Imaginationsverfahren, das der Selbsterkenntnis dient.

Grundlage des Katathymen Bilderlebens ist also die Fähigkeit des Menschen, bildhaft vor dem inneren Auge zu schauen, was an Spannungen, Ängsten und Wünschen zur Gestaltung drängt. Die durch die Vorstellungsbilder hervorgerufenen Stimmungen und Gefühle werden zur Lösung und Bewältigung unbewußter Konflikte und Ängste eingesetzt. Diese Imagination ermöglicht es, noch unbewußte, aber bereits bedeutende Gefühle und Stimmungen, erfreuliche und auch belastende, wahrzunehmen. Das auf diese Weise zutage geförderte Material kann dann im Leben genutzt werden.

Zu Beginn des Katathymen Bilderlebens liegt der Klient auf der Couch und wird aufgefordert, sich mit Hilfe des Autogenen Trainings nach Schultz zu entspannen und eine bestimmte Vorstellung an den Anfang zu setzen. Diese Methode basiert also auf einem Zustand körperlich-geistig-seelischer Entspannung, der an der Schwelle zum Einschlafen oder Aufwachen spontan auftritt, oder eben durch bestimmte Entspannungstechniken systematisch erzeugt werden kann. Wichtig ist, daß der Raum ruhig, schwach beleuchtet und geräuscharm ist, um die Konzentration nicht zu behindern. Der Imaginierende versetzt sich gedanklich in vorgegebene Situationen, die er selbst individuell ausgestalten kann. Anhand dieser Vorstellungsbilder kann man Rückschlüsse auf die allgemeine Lebenssituation ziehen, das heißt auf wahre Lebensprobleme und Aufgaben.

Das Katathyme Bilderleben umfaßt verschiedene Techniken. Da wären zunächst die zehn Hauptvorstellungsmotive, die sogenannten Kardinalmotive, die dem Klienten angeboten werden und die zur Entwicklung spezieller Tagtraumreisen führen. Darüber hinaus gibt es fünf Haupttechniken, die die Phantasie anregen sollen und die anschließende Deutung fördern. Die zehn Standardmotive sind folgende:

Die Wiese Der Wiesenspaziergang wird von Leuner als neuer Anfang aufgefaßt. Dieses Motiv eignet sich aufgrund der überwiegend angenehmen Qualität als Eingangsmotiv der Imagination. Der Wiesenspaziergang ruft Phantasien des Paradiesgartens, des Sommersonnenscheins, der Möglichkeit, sich auszuruhen, Menschen zu begegnen und des gemeinsamen Erlebens hervor. Der Zustand der vorgestellten Wiese spiegelt die allgemeine Lebenssituation wider. Deshalb sollten alle Einzelheiten, wie z. B. das Wetter (scheint die Sonne, regnet es – Hinweis auf Depressionen), Farben und vieles andere mehr genau beachtet werden.

Aufstieg auf den Berg Hier stellt sich der Imaginierende einen Berg vor, daß er den Berg besteigt und sich schließlich auf dem Gipfel die Landschaft betrachtet. Leuner betrachtet das Motiv des Berges als das subjektive Empfinden der eigenen Leistungsfähigkeit, der Auseinandersetzung mit der Lebensbewältigung und des Anspruchsniveaus. Je höher der vorgestellte Berg ist, um so höher soll auch das individuelle Anspruchsniveau der betreffenden Person sein. Die Unfähigkeit, den Berg zu besteigen, weist auf eine schwere Neurose hin (Neurosen sind körperliche und seelische Erkrankungen, die nicht in erster Linie auf einer organischen Schädigung beruhen, sondern auf fehlerhafter psychischer Einstellung). Der Berg, der psychoanalytisch ein Symbol der männlich-väterlichen Welt ist, gibt auch Auskunft über Autoritäts- und Rivalitätsprobleme. Die Fähigkeit, von dem Gipfel des Berges einen Rundblick nach allen Seiten zu haben, entspricht dem Verhalten des gesunden Menschen. Einschränkungen des Ausblicks oder auch bewölkte Landschaften weisen auf eine Störung hin.

Verfolgung des Bachlaufs Hier stellt sich der Klient vor, einen Bach aufwärts bis zur Quelle oder abwärts bis ans Meer zu verfolgen. Leuner sieht dies gewissermaßen als Leitlinie der emotionalen Entwicklung und der Entfaltung der imaginierenden Person. Die Rückkehr zur Quelle bedeutet häufig symbolisch die Rückkehr zu den Ursprüngen, die Verfolgung des Bachlaufes stromabwärts hingegen stößt oft auf Hindernisse im fließenden Gewässer, was ebenfalls auf Probleme hinweist. Leuner hat beobachtet, daß der Umgang mit Wasser auch mit einer zumindest zeitweisen Besserung psychosomatischer Beschwerden verbunden ist. Die Person kann sich vorstellen, von dem klaren Wasser zu trinken oder ein erfrischendes Bad zu nehmen, was symbolisch auch eine Reinigung, eine Befreiung von Störendem bedeutet.

Das Haus Das Haus ist das Symbol der Persönlichkeit, das Sinnbild der eigenen Person. Die imaginierende Person kann sich ein Schloß vorstellen oder eine kleine, schäbige Hütte. Interessant ist auch die Besichtigung des Inneren des Hauses, so soll z. B. der Inhalt der Schränke Hinweise auf die Partnerbeziehung geben, oder man kann im Keller alte Erinnerungsstücke aus der Vergangenheit finden. Das Hausmotiv führt meistens unmittelbar zur individuellen Problematik hin und bedeutet eine erhebliche Konfrontation mit oft stärker verdrängten Konflikten. Deshalb sollte dieses Motiv, wie im Prinzip die gesamte Methode des Katathymen Bilderlebens, nur von wirklich erfahrenen Fachkräften durchgeführt bzw. angeleitet werden.

Das Motiv des dunklen Waldes Der Wald wird als Symbol des Unbewußten gesehen. Er kann einerseits als Ort der Sicherheit erlebt werden oder aber als Ort drohender Gefahren. Hier wird dem Klienten angstmachendes oder stark verdrängtes Material bewußt, meist unbewußte Verhaltenstendenzen und Wünsche, die vom Über-Ich (Kontrollorgan, Gewissen) tabuisiert werden und somit nicht an die Oberfläche treten.

Die Begegnung mit Beziehungspersonen Hier stellt sich die Person einen nahen Verwandten vor, entweder als Realperson oder in symbolisch eingekleideter Form (z. B. den Vater als Elefant). Wie sich die Beziehungspersonen dem Imaginierenden gegenüber verhalten, wenn er versucht, sie anzusprechen oder zu berühren, gibt Aufschluß über die unbewußte Einstellung der Person ihnen gegenüber.

Sexuelle Szene Der Imaginierende soll sich Situationen vorstellen, die bestimmte sexuelle Gefühle und Verhaltensweisen bei ihm hervorrufen können. Bei Männern wird oft das Motiv eines Rosenbusches benutzt. So könnte beispielsweise ein geschiedener Mann eine verblühte Rose vor sich sehen. Bei Frauen hingegen wird häufig das Motiv eines Autostops verwendet, z. B. kann sich ein junges Mädchen dann vorstellen, daß ein älterer Mann mit grauen Schläfen anhält, um sie mitzunehmen. Mit diesen Motiven soll die Einstellung zur Sexualität geprüft werden.

Das wilde Tier Die Person soll sich ein wildes Tier, z. B. einen Löwen vorstellen. Diese Imagination soll die Einstellung zur Aggressivität klären, soll die betreffende Person mit eigenen, aggressiven Tendenzen konfrontieren. So kann der Löwe z. B. faul und träge schlafen oder aber ein anderes Tier angreifen.

Ich-Ideal Die Person soll, ohne nachzudenken, einen gleichgeschlechtlichen Vornamen nennen und sich sodann diesen Menschen vorstellen. Oft tauchen hier Personen auf, die sehr stark bewundert werden, die gewisse Eigenschaften besitzen, die der Imaginierende selbst gern hätte. Es können aber auch Personen auftauchen, die eine bedeutende Rolle als Konkurrent haben. Die Begegnung mit dieser Person, der ganze Rahmen, die Möglichkeit sich ihr zu nähern, all dies sind Anzeichen für Selbstachtung und Identifikationsmuster.

Das Moor Der Klient soll sich ein Sumpfloch vorstellen. Er soll in sicherem Abstand bleiben und das Sumpfloch beobachten, aus dem sich irgendeine Gestalt erheben wird, beispielsweise ein Frosch, ein Untier oder auch ein menschliches Wesen. Hier wird die Person oft mit angstbesetztem, furchterregendem oder sexuellem Material konfrontiert.

Die Techniken des Katathymen Bilderlebens, die das Phantasiematerial und die anschließende Deutung hervorrufen sollen, sind das übende Vorgehen, die kreative Entfaltung, das assoziative Vorgehen, die Symbolkonfrontation und das psychoanalytische Vorgehen. Als Beispiel sei das assoziative Vorgehen kurz erläutert. Der Klient soll hier im Anschluß an die Vorstellung eines Motivs frei weitere Bilder assoziieren, d. h. weitere gedankliche Vorstellungen damit verknüpfen. So kann an die Vorstellung des Vaters z. B. die Erinnerung an einen früheren Streit geknüpft sein. Assoziationen sind also Verknüpfungen zweier oder mehrerer Erlebnisbestandteile, d. h. die Tendenz eines Erlebnisses, andere, früher im Zusammenhang mit ihm aufgetretene Erlebnisse wieder ins Bewußtsein zu rufen. Die Bilder, die im Katathymen Bilderleben auftauchen, sind Tore zum Unbewußten. Der Klient nimmt Unbewußtes und Verdrängtes wahr und kann diese Dinge dann bearbeiten. Die Vorstellungsbilder ermöglichen die Begegnung und Auseinandersetzung mit sich selbst. Man erkennt Probleme, Aufgaben und kann sie somit verändern. Im Mentaltraining werden als hauptsächliche Motive das Motiv des Wiesenspazierganges, des Aufstieges auf den Berg und die Verfolgung des Bachlaufs verwendet.

Das Katathyme Bilderleben hat als tiefenpsychologisch, d. h. psychoanalytisch fundiertes Verfahren einen hohen Stellenwert und einen breiten Anwendungsbereich wie z. B. bei psychosomatischen Störungen, Angstzuständen und Phobien, Neurosen (z. B. Depressionen), Persönlichkeitsstörungen, Störungen im Kindes- und Jugendalter.

Der gelenkte Wachtraum von Desoille

Am Anfang dieses Verfahrens von Robert Desoille steht eine Aufklärung des Klienten über Inhalt, Aufbau und Zielsetzung des gelenkten Wachtraumes. Dann soll er sich entspannen, was meist nach der Methode der Progressiven Muskelrelaxation von E. Jacobsen geschieht. Der Imaginierende liegt im halbdunklen, geräuscharmen Raum und wird aufgefordert, sich ein bestimmtes Bild vorzustellen, um sich dann in eine Umgebung zu versetzen und sich in dieser imaginierten Situation zu bewegen. Anfänglich steuert der Therapeut die Bewegungen des Klienten, erinnert ihn daran, daß im Traum alles Mögliche passieren kann, ermuntert ihn aber dann selbst, verschiedene Bilder und Vorstellungen zu produzieren und der eigenen Phantasie freien Lauf zu lassen. Bei dieser Technik gibt es aufsteigende Bewegungen, die normalerweise Vorstellungen und Bilder auslösen, die mit Freude und positiven Gefühlen einhergehen. Die absteigenden Bewegungen rufen hingegen im allgemeinen angsterregende Bilder und negative Gefühle hervor. Desoille arbeitet mit sechs Themenkreisen, die er als Hauptproblembereich menschlicher Erfahrung ansieht.

Symbole des Aufstiegs Der Klient (falls männlich) soll sich ein Schwert vorstellen. Das Schwert sieht Desoille als Symbol der Konfrontation mit den Eigenschaften der eigenen Person an. Falls der Klient eine Frau ist, soll sie sich eine schöne Vase oder ein anderes kostbares Gefäß vorstellen, was ebenfalls, laut Desoille, einer Konfrontation mit persönlichen Eigenschaften gleichzusetzen ist. Weitere Symbole des Aufstiegs, die angenehme Gefühle hervorrufen sollen, sind die Ersteigung eines Bergpfades (Parallele zum Katathymen Bilderleben) oder das Fliegen auf mächtigen Flügeln eines großen Vogels.

Symbole des Abstiegs Die Symbole des Abstiegs machen alltägliche Gefühle sichtbar, und es tauchen hier Empfindungen auf, die der Imaginierende bisher bewußt noch nie gehabt hat. Der Schwerpunkt liegt auf Schwierigkeiten und Hindernissen, auf die der einzelne im Laufe seines Lebens stößt.

Abstieg in die Tiefe des Ozeans Der Klient soll sich vorstellen, sich in die Tiefen des Meeres zu begeben, worin Desoille die Konfrontation mit unterdrückten Eigenschaften sieht.

Abstieg in den Keller Der Klient soll sich vorstellen, in einen Keller hinabzusteigen und dort als Mann einer Hexe, als Frau einem Zauberer zu begegnen. Dieser Bereich bezieht sich auf den gegengeschlechtlichen Elternteil. Die Beziehung zum gleichgeschlechtlichen Elternteil wird auch durch den Abstieg in einen Keller symbolisiert, wo sich diesmal jedoch die männliche Person einen Mann und die weibliche Person eine Frau vorstellen soll.

Abstieg in eine Höhle Die Person soll sich wieder vorstellen, in einen Keller oder in eine Höhle hinabzusteigen, um einem legendären Drachen oder einem Monster zu begegnen. Dieses Bild bezieht sich auf gesellschaftliche Zwänge, denen die Person ausgesetzt wird.

Der letzte Themenkreis zentriert sich um den *Ödipuskonflikt:*

Beide Geschlechter sollen sich das Bild eines Schlosses mit einer schlafenden Schönheit mitten im tiefen Wald vorstellen. Der Ödipuskomplex entsteht nach Sigmund Freud aus der geschlechtlichen Bindung an den andersgeschlechtlichen Elternteil, die verdrängt oder in unzureichender Weise bewältigt wird. Der Name erinnert an den sagenhaften König Ödipus, der unwissend seine Mutter heiratete und seinen Vater erschlug.

Eine Sitzung mit gelenktem Tagtraum beginnt also normalerweise mit einer kurzen Aufklärung. Sodann entspannt sich der Klient, um sich ganz auf das Innenleben seiner Bilder konzentrieren zu können. Danach suggeriert ihm der Leiter ein bestimmtes Bild, das von der Person uneingeschränkt gebilligt werden muß. Der Klient wird aufgefordert, über das suggerierte Bild möglichst viele Details zusammenzutragen, wie beispielsweise Formen, Farben und

Gefühle, die diese Vorstellung auslöst. Es folgt eine imaginative Reise, wobei der Klient gebeten wird, das Bild in einen Hintergrund zu versetzen, der auf Anhieb die Vorstellung eines imaginären Raumes hervorruft. Während der Klient sich jetzt selbst in diesem Raum vorstellen soll, wird das Ausgangsbild beibehalten. Sehr wichtig ist, daß der Klient darauf achtet, wie er sich bewegt.

Der Imaginierende wird mit einer Vielzahl von Bildern konfrontiert, und es werden sehr viele verschiedene emotionale Reaktionen ausgelöst. Es sind hier Ähnlichkeiten zur Methode des Katathymen Bilderlebens festzustellen, die unabhängig von Desoilles Tagtraumtechnik entwickelt wurde. Das Katathyme Bilderleben ist jedoch wesentlich mehr systematisiert und folgt einem anderen Grundkonzept. So geht Leuner z. B. davon aus, daß aufsteigende Bewegungen nicht immer von positiven Gefühlen begleitet sein müssen, sondern auch dramatische, stark gefühlsmäßige Szenen auslösen können. Desoille verzichtet weitgehend auf anschließende analytische Deutungen. Er geht vielmehr davon aus, daß die mehrfachen imaginativen Reisen an sich schon heilend wirken. Desoilles Ansatz kommt große Bedeutung zu, da mit ihm der eigentliche Hauptanstoß für die Entwicklung mentaler Techniken in Europa begann. Vor allem der diagnostische Wert der Tagtraumtechnik ist zu betonen, da die Imagination einen verhältnismäßig unverhüllten Einblick in die seelische Situation des Klienten zuläßt.

Die Onirotherapie von Fretigny & Virel

Roger Fretigny und André Virel, beide ausgezeichnete Psychotherapeuten und Wissenschaftler, haben viele neue Aspekte der mentalen Imaginationstechniken theoretisch und in Experimenten erforscht und somit einen bedeutenden Beitrag zur Entwicklung der Vorstellungstechniken geleistet. Grundlage der von Fretigny und Virel entwickelten Methode ist Desoilles Tagtraumtechnik, jedoch legen sie mehr Wert auf die psychotherapeutische Orientierung. Mit dem Begriff Onirotherapie (›Onirologie‹ kommt aus dem Griechischen und bedeutet Lehre vom Traum, ›onirisch‹ bedeutet traumähnlich) wollen die Autoren die Bedeutung der Stadien zwischen Wach- und Schlafzustand betonen. Auch bei dieser Methode soll sich der Klient möglichst tief entspannen, um mit der Imagination zu beginnen, wobei Fretigny und Virel weitgehend mit Motiven von Desoire arbeiten, wie z. B. mit dem Motiv der Bergbesteigung.

Nach der Sitzung hat der Klient einen ausführlichen Bericht über die imaginierten Bilder zu geben und die dabei ausgelösten Gefühle zu beschreiben. Auch über Träume soll der Klient berichten. Dieses Material wird dann genau besprochen, analysiert und bearbeitet. Auch in der Imagination werden Probleme und Konflikte durch die lebendige Konfrontation mit den entscheidenden Problemen in der Vorstellung bearbeitet. Dieses Vorgehen wird als ›Onirodrama‹ bezeichnet.

Ich hatte schon gesagt, daß die Techniken des gelenkten Wachtraums bzw. des Katathymen Bilderlebens am besten in den Händen eines erfahrenen Therapeuten aufgehoben sind. Ich möchte Sie jedoch mit drei Übungen bekannt machen, die Sie auch alleine durchführen können.

Übung 1 Versetzen Sie sich mit den Wärme- und Schwereübungen des Autogenen Trainings in einen entspannten Zustand. Sie können jedoch auch die Zeit morgens kurz nach dem Aufwachen nutzen, wenn Sie noch vor sich ›hindösen‹. Versuchen Sie nun, sich gedanklich in folgende Situation zu versetzen, stellen Sie sich also bildlich vor: Sie machen einen längeren Spaziergang über eine Wiese. Dabei kommen Sie auch an einem Bach vorbei. Malen Sie sich diese Situation bitte in allen Einzelheiten aus. Danach öffnen Sie die Augen, atmen tief durch und strecken sich ausgiebig. Wenn Sie ganz frisch und wach sind, vergegenwärtigen Sie sich Ihre Vorstellung dieses Wiesenspazierganges noch einmal ganz genau, z. B.: Schien die Sonne oder regnete es? Sind Sie Menschen begegnet, oder waren Sie allein? Haben Sie den Bach aufwärts bis zur Quelle oder abwärts bis zur Mündung verfolgt? Welche Blumen blühten? Welche Tiere sahen Sie?

Wenn Sie ein wenig mit der Symbolsprache des Unbewußten (Traumdeutung) vertraut sind, können Sie mit dieser Übung Aufschluß über Ihre bestehende Lebenssituation erhalten. Falls Sie den Bachlauf stromaufwärts verfolgt haben, kann dies bedeuten, daß Sie dabei sind, Ihre Persönlichkeit zu entwickeln. Sind Sie jedoch stromabwärts gegangen, so könnte dies auf Probleme hinweisen. Achten Sie auch darauf, ob das Wasser klar oder verschmutzt war (wenn ja, womit?), ob Sie sich frei bewegen konnten oder auf Hindernisse bei Ihrem Spaziergang trafen. Manchmal entwickeln sich bei dieser Übung regelrechte ›Action-Filme‹, aus deren Handlung Sie dann entnehmen können, was Ihr Unterbewußtsein gerade beschäftigt.

Übung 2 Legen Sie sich bequem hin, schließen Sie die Augen und entspannen Sie sich nach der Methode der Progressiven Muskelrelaxation. Wenn Sie ganz ruhig und entspannt sind, stellen Sie sich vor, daß Sie eine Wanderung machen. Vor Ihnen liegt ein Berg, zu dessen Gipfel ein Pfad führt. Gehen Sie diesen Weg entlang und achten Sie dabei auf Einzelheiten. Was sehen Sie? Was hören Sie? Treffen Sie jemanden? Fällt Ihnen der Aufstieg schwer oder leicht? Wie fühlen Sie sich, wenn Sie auf der Spitze des Berges angekommen sind und ins Tal schauen? Genießen Sie das angenehme Gefühl, das von Ihnen Besitz ergreift. Suggerieren Sie sich, daß Sie sich absolut wohl, ruhig und entspannt fühlen. Dann öffnen Sie die Augen, atmen mehrmals tief durch, strecken Arme und Beine, um die Entspannung zurückzunehmen.

Sie haben sicher bemerkt, daß bei der ersten Übung (Katathymes Bilderleben) die Analyse eine wichtige Rolle spielt, während es bei der zweiten (gelenkter Wachtraum) nur auf das Erleben an sich ankommt.

Zum Abschluß dieses Kapitels möchte ich Ihnen noch eine Übung anbieten, die eine äußerst wohltuende Wirkung haben kann, wenn Sie sich verwirrt fühlen, für ein Problem keine Lösung finden, nach einer Orientierungshilfe suchen.

Übung 3 Legen Sie sich in einem ruhigen, geräuscharmen Raum in die entspannte Rückenlage. Nachdem Sie dafür gesorgt haben, daß Sie nicht gestört werden können, schließen Sie die Augen und entspannen sich mit Hilfe des Autogenen Trainings oder der Progressiven Muskelrelaxation.

Stellen Sie sich vor, daß Sie eine Bergwanderung machen. Sie besteigen ganz alleine, ohne Begleitung einen Berg. Sie gehen langsam und gleichmäßig Ihren Weg. Wenn Sie auf dem Gipfel angekommen sind, sehen Sie dort ein kleines Haus stehen. Dieses Haus betreten Sie, denn Sie werden dort schon erwartet. In diesem Haus sitzt an einem Tisch ein alter, weiser Mann – oder eine alte, weise Frau. Wem immer Sie mehr Vertrauen schenken. Diese Person bittet Sie nun freundlich, am Tisch Platz zu nehmen und bietet Ihnen, wenn Sie wollen, etwas zu essen und zu trinken an.

Beginnen Sie nun eine Unterhaltung mit diesem Menschen. Fragen Sie ihn, was Sie möchten, schildern Sie ihm Ihre Situation, bitten Sie um Ratschläge. Gehen Sie davon aus, daß dieser Mensch – er ist ein Symbol für Ihr höheres Selbst oder Ihr Überbewußtsein – alle Antworten auf Ihre Fragen, einen Ausweg aus jedem Ihrer Konflikte kennt.

Achten Sie genau darauf, was dieser Mensch sagt oder tut, wenn Sie ihm Ihre Fragen gestellt haben. Nicht immer kommt die Antwort logisch-direkt. Vielleicht drückt sich Ihr höheres Selbst verschlüsselt und symbolisch aus, vielleicht nur durch Gesten oder unsinnig erscheinende, aber höchst bedeutungsvolle Handlungen.

Wenn Sie das Gefühl haben, eine Antwort erhalten zu haben, selbst wenn diese Ihnen nicht sofort klar ist, verabschieden Sie sich höflich und steigen Sie den Berg wieder hinab. Wenn Sie unten angelangt sind, öffnen Sie die Augen, atmen Sie tief durch und räkeln Sie sich, bevor Sie aufstehen.

Eine frohe Hoffnung ist mehr wert
als zehn trockene Wirklichkeiten

Franz Grillparzer

Technik Nr. 8

Farbtherapie

Farben sind ein wichtiger Bestandteil unseres Lebens. Farben wirken auf das Fühlen, Denken und Verhalten des Menschen, ob wir es wollen oder nicht. Auch körperliche Vorgänge werden beeinflußt. So können bestimmte Farben direkt in biochemische und biophysikalische Prozesse des menschlichen Körpers eingreifen (z. B. der Anstieg des Blutzuckerspiegels bei Einwirkung von Rotlicht). Farben können den Herzschlag, den Puls, die Atemfrequenz, den Blutdruck und das Wärmeempfinden verändern.

Sie können Aggression oder Ruhe und Entspannung erzeugen. Mit bestimmten Farben verbinden wir bestimmte Empfindungen und Vorstellungen. Der Farbenforscher geht im allgemeinen davon aus, daß es eine Kontinuität des Gefühlslebens gibt, die sich in wesentlichen Zügen über Jahrtausende erhalten hat. So erzeugen Farben Gefühle, die immer wieder die gleichen Assoziationen (Gedankenverbindungen) hervorrufen und zu den gleichen Handlungen führen.

Die Farbe Rot kann z. B. ein Gefühl der Bedrohung und Angst auslösen, was zu der Assoziation Gefahr führen kann, welche dann ein entsprechend vorsichtiges Verhalten oder sogar ein Fluchtverhalten zur Folge haben kann. Auch die Symbolbedeutungen der Farben sind im allgemeinen seit Jahrtausenden unverändert. Jedoch gibt es auch hier

Unterschiede, die zumeist abhängig von der jeweiligen Person, Kultur oder aktuellen Geschehnissen sind. So kann ein Mensch, der die Farbe Rot mag, in ihr ein Symbol der Liebe sehen, jemand, der diese Farbe ablehnt, könnte in ihr ein Symbol der Aggression und Gefahr sehen. Die Farbe Blau war im Zeitalter der Inquisition z. B. ein Symbol des Teufels, später symbolisierte Blau im Christentum die Dreieinigkeit von Vater, Sohn und Heiligem Geist.

Schon immer üben Farben eine geheimnisvolle Macht auf den Menschen aus. Wie die Farben im einzelnen auf den Menschen wirken, welche physiologischen, d. h. körperlichen und welche psychologischen, also seelischen Wirkungen Farben haben, was eine Bevorzugung oder Ablehnung einer bestimmten Farbe für die Persönlichkeit eines Menschen bedeutet, und die Symbolbedeutungen der Farben früher und heute, das möchte ich Ihnen nun schildern. Danach mache ich Sie mit der praktischen Anwendung der Farbentspannung im Mentaltraining bekannt. Ich beginne alle meine Therapien mit einer Farbentspannung, da ich die Erfahrung gemacht habe, daß sich mit ihr alle Körperfunktionen optimal positiv beeinflussen lassen. Mit den einzelnen Farben kann man gezielt bestimmte Körperregionen ansprechen und so Blockierungen aufheben, die durch Verkrampfungen entstanden sind. Neben dem Autogenen Training, der Progressiven Muskelrelaxation und den Atemübungen ist die Farbentspannung eine höchst wirkungsvolle Entspannungstechnik, die Sie für Ihr persönliches Mentaltraining nutzen sollten.

Die Farbe Rot

Rot ist eine einzigartige, faszinierende Farbe und auch eine der ältesten Farben überhaupt.

Symbolbedeutung der Farbe Rot Im alten China war Rot die Farbe des Glücks und des Reichtums. Von Indianerstämmen wurde Rot zur Dämonenbeschwörung benutzt, und rote Körperbemalungen sollten die Ekstase beim Kampf und beim Tanz fördern. Roten Beeren und Säften wurde eine geheimnisvolle Zauberkraft zugeschrieben, was zuweilen sogar heute noch der Fall ist. Im Christentum ist das Blut Christi ein Symbol der Liebe. Weitere Symbolbedeutungen: Rot steht für die Erfahrungen mit den Urerlebnissen Blut (›rot wie Blut‹), Feuer (›glutrot‹) und Liebe (»Rot ist die Liebe«). Schon lange ist Rot ein Zeichen von Macht und Gewalt, denkt man z. B. an die Scharfrichter, Kardinäle und Könige. Während der Französischen Revolution symbolisierten die roten Fahnen den gewaltsamen Umsturz. In Wappen und Fahnen kommt oft die Farbe Rot als Zeichen der Besitzergreifung oder als Farbe der vereinigten Massen zum Tragen.

Rot ist auch ein Zeichen für politischen Radikalismus – das Rot drückt aktive Entschlossenheit aus und dient der Provokation des Gegners. Rot ist ebenfalls die Farbe des Sieges. Rot besitzt Signalcharakter, es ist ein Kennzeichen, kann auch eine Drohung darstellen. Beispiele hierfür sind rote Ampeln, die rote Umrandung der Verkehrsschilder, die rote Karte beim Fußball, die Verwendung der roten Farbe in der Werbung, um Aufmerksamkeit zu erregen, oder auch das Streichen gefährlicher Maschinenteile mit roter Farbe (›Achtung!‹).

Assoziation zu Rot Die Farbenlehre schreibt Rot folgende Eigenschaften zu: Kraft, Lebensfreude, Dynamik, Wärme, Wohlwollen, Charme, Mut, Wildheit, Frische. Rot drängt sich auf, ohne jede Zurückhaltung. Es ist eine kraftvolle, lebhafte, starke, energische, großartige Farbe, die einen lebensverneinenden Pol hat, d. h. Rot fördert Aggression, Gewalt, Tötungsabsicht, Blutrausch, Zerstörung und Gefahr. Aber die Farbe Rot hat auch einen lebensbejahenden Pol, dem Vitalität, Liebe, Gesundheit, Geselligkeit, Heiterkeit, Zuneigung und Leidenschaft zuzuordnen sind.

Physiologische Wirkung der Farbe Rot Der generelle Charakter der roten Farbe ist Erregung, die sich in verschiedenartigen Ausprägungen manifestieren kann. So wirkt Rot z. B. sexuell stimulierend, regt den Appetit an, versetzt die Zuschauer beim Stierkampf in Erregung, fordert Applaus heraus. Bei Bestrahlung mit Rotlicht treten folgende physiologischen, also körperlichen Reaktionen auf: Alle Vorgänge im menschlichen Körper werden beschleunigt und angeregt. Das vegetative Nervensystem, das nicht dem Willen unterworfen ist, wird direkt beeinflußt, d. h. der Sympathikus, ein Teilsystem unseres unwillkürlichen Nervensystems, wird aktiviert, und es wird eine kurzfristige Streßreaktion ausgelöst. Sie äußert sich mit Herzjagen, Engegefühl im Hals, Pulsbeschleunigung, Steigerung des Blutdrucks, Vertiefung der Atmung, Anstieg des Innenaugendrucks (verursacht manchmal Kopfschmerzen), Adrenalinausschüttung (Hormon des Nebennierenmarks), Verengung der Blutgefäße (eventuelles Kältegefühl), erhöhten Blutzuckerspiegel. Die Reaktionsfähigkeit wird erhöht, es besteht ein Impuls zum motorischen Tun, zu Sport, Kampf und unternehmerischer Produktion. Das bedeutet, daß parallel zu den körperlichen Reaktionen eine innere Bereitschaft zu Kampf und Flucht als Anspannung und Kraftsteigerung erlebt wird, der Körper ist in Alarmbereitschaft versetzt. Rot spannt den Menschen derart in das unmittelbare Erleben ein, daß es ihn sogar die Zeit kürzer erleben läßt, was experimentell nachgewiesen werden konnte. In der Biologie gilt das Rotlicht als Anreger für Größenwuchs bei Nagetieren. Es verkürzt die Brunstzyklen, erhöht die Tätigkeit der Geschlechtsdrüsen, regt die Schilddrüsenfunktion an und erhöht die Eierproduktion bei Hühnern.

Psychologische Wirkung der Farbe Rot Rot steigert das bewußte Fühlen und Erleben. Der Mensch fühlt den Drang, Wirkungen zu erzielen, Erfolg zu haben, er will alles, was das Leben bietet. Menschen, die Rot bevorzugen, haben oft ein hohes Selbstbewußtsein und streben nach Lust und materiellen Gütern oder Macht. Rot ist ein Ausdruck der Dominanz und des Beherrschungsstrebens, Ausdruck von Ehrgeiz, Begehren, Stolz und Autorität. Rot, die vitalste und realste Farbe, ist Ausdruck stärkster Gefühle. Je dunkler das Rot, desto tiefer und prahlerischer, je heller das Rot, desto temperamentvoller, fröhlicher, phantasievoller, je mehr Orange im Rot, desto zerstörerischer der Charakter. Das Trotzalter des Kindes ist oft durch eine Bevorzugung der roten Farbe gekennzeichnet. Rot läßt sich nach C. G. Jung eher dem männlichen als dem weiblichen Prinzip zuordnen, eher jüngeren als älteren Menschen, mehr dem extravertierten, d. h. dem nach außen gewendeten, aufgeschlossenen, kontaktfreudigen Typ, als dem introvertierten, nach innen gerichteten Typ. Rot entspricht dem uneingeschränkten Selbstwertgefühl, dem eigenen Durchsetzungsvermögen und dem Vertrauen in die eigene Stärke. Wer Rot ablehnt, empfindet die aktivierende Intensität dieser Farbe als Bedrohung und Aufregung, weil er sich aus Mangel an eigener Vitalität und Dynamik beeinträchtigt fühlt.

Die Farbe Gelb

Gelb ist die lichtvollste, hellste und leuchtendste unter den bunten Farben, es ist auch die grellste und heiterste.

Gelb ist jung, von geradezu aufdringlicher Lebhaftigkeit und extravertiert. Diese Eigenschaft wird besonders in den hellen Tönen sichtbar. Goldgelb ist aktiv.

Symbolbedeutung der Farbe Gelb In Ägypten war Gelb die Farbe der Sonnengötter (z. B. von Ra). In China war es die Kaiserfarbe und die Farbe der Mitte, was bedeutet, daß Gelb auch die Farbe der Erde war. In der traditionellen chinesischen Kultur steht Gelb für Vertrauenswürdigkeit. In Indien war Gelb früher in Form einer Lotosblume Symbol des Erbarmens und der Gewaltlosigkeit. Die Griechen bringen Gelb mit Galle und dem cholerischen Charakter in Verbindung. (Hippokrates beschreibt den Choleriker als lustig, affektstark und mit leicht aufbrausendem, wechselndem Gefühlsverlauf.) Van Gogh sieht in Gelb die Farbe der Wunscherfüllungen, der Entspannung, Freiheit und Freude. Bei den Römern war Gelb früher hingegen ein Abzeichen der Freudenmädchen, eventuell war Gelb damals die Farbe des Liebesgenusses. So soll gelber Safran angeblich ›Lüsternheit‹ bedeuten. Gelb war früher die Kennfarbe der aus der Gesellschaft Ausgestoßenen. Heutige Symbolbedeutungen von Gelb: Gelb hat Warnfunktion und dient der Kennzeichnung von Gefahr. So wird z. B. beim Fußball als Warnung die gelbe Karte gezogen. Gelb ist die Farbe des Kontakts, es ist ein eher männliches Symbol.

Assoziation zu Gelb Assoziationen zu kaltem, zitronigem Gelb: sauer, Zitrone, giftig, künstlich, gefährlich, krankhaft, Haß und Neid.

Assoziationen zu reinem Gelb: Sonne, Tag, Wärme, Behaglichkeit, hell, klar, bewegt, frei, sehr leicht, Fanfarenklang, stark, lustig, grell, Neugier, Vorsicht, Nervosität.

Assoziationen zu Goldgelb: strahlend, sonnig, anregend, wärmend, leicht, lichthaft, heiter, gute Laune, Fröhlichkeit, auffällig, sanft reizend, Kornähren, platinblond, Weite, Offenheit, Mitteilung, Geselligkeit, jugendlich, vornehm, erhaben, ewige Seligkeit, fröhliches Jenseits.

Physiologische Wirkung der Farbe Gelb Gelb beunruhigt den Menschen etwas, regt ihn auf, es ist frech und drängt sich dem Auge geradezu auf. Joseph Goldstein, ein amerikanischer Genetiker, spricht von einem allgemeinen expansiven Effekt auf den menschlichen Organismus, der ›den Impakt‹ (die Einwirkung) der äußeren Welt erhöht und den emotionalen Hintergrund erzeugt, aus dem Ideen und Handlungen auftauchen. Gelb ist eine joviale, freudige Farbe, die belebend ist und aus sich herauskommt. Goethe sagt zu Gelb: »Das Auge wird erfreut, das Herz ausgedehnt, das Gemüt erheitert, eine unmittelbare Wärme scheint uns anzuwehen.« Die Reaktion des Menschen bei Gelblichtbestrahlung ist minimal. Zwar ähnlich dem Rot, aber merklich weniger. Gelb erhöht etwas die vegetativen Funktionen, Puls, Blutdruck und Atemfrequenz. Es regt die Motorik an, schafft Bewegung, macht nervös, spannt und löst zugleich. Eine richtige Entspannung im Gelb ist nicht möglich. So wirkt ein quittegelber Raum beunruhigend. Nach meinen Erkenntnissen ist die goldgelbe Farbe beruhigend und bei der geistigen Vorstellung von Gelb ist eine Entspannung vor allem der Muskeln des Unterkörpers und der Beine möglich.

Psychologische Wirkung der Farbe Gelb ›Lösung‹ als physiologische und ›Veränderung‹ als psychologische Bedeutung stehen für die Farbe Gelb. So schreibt der Schweizer Psychologe Max Lüscher: »Gelb repräsentiert das psychologische Grundbedürfnis, sich zu entfalten. Es wird von Menschen bevorzugt, die veränderte, befreiende Verhältnisse suchen, um ihre erregte Spannung in der erhofften

Weise zu lösen, um sich glücklicher entfalten zu können. Sie benötigen die Erwartungsspannung und den erregenden Reiz der Hoffnung, um nicht in die enttäuschte, depressive Erschlaffung abzusinken. Eine Gelbbevorzugung findet man bei Menschen, die sich wegen eines fehlenden oder unbefriedigten Zuhauses, von Fernweh getrieben, auf weite Reisen begeben. Wer als Enttäuschter Gelb ablehnt, der hat irgendeinen Verlust noch nicht verschmerzt.« Gelb entspricht auch der ungehemmten Ausweitung, was psychologisch eine Erlösung von Schwerem, Bedrückendem, Hemmendem bedeutet. Eine Vorliebe für Gelb zeigt den Wunsch nach Befreiung und Hoffnung auf Glück, wobei diese Erwartung immer zukunftsgerichtet ist. Gelb drängt immer vorwärts, auf das Neue, Moderne, in die Zukunft. Gelb ist Veränderung, drückt ein Interesse an Kommunikation aus und Sinn für natürliche, materialisierende Kräfte.

C. G. Jung schreibt Gelb dem intuitiven Typ zu, der spekulativ nach dem Woher und Wohin fragt. Eine Zitronengelbvorliebe ist ein Zeichen für Regsamkeit, Wachheit und einer gewissen Bereitschaft, immer ›auf Draht zu sein‹. Menschen mit Zitronengelbvorliebe sind meist vielseitig und praktisch, schenkfreudig und anspruchslos. Menschen, die ein kraftvolleres, warmes Gelb lieben, erwarten immer irgend etwas von ihrer Umwelt und machen sich dabei manchmal gerne falsche Hoffnungen, weil sie sich offensichtlich selbst überschätzen. Im Denken sind sie oft eher spekulativ und oberflächlich.

Die Farbe Grün

Grün ist eine in sich ruhende und beruhigend wirkende Farbe. So schreibt der russische Maler Wassily Kandinsky: »Absolutes Grün ist die reinste Farbe, die es gibt. Sie bewegt sich nirgends hin und hat keinen Beiklang der Freude, Trauer, Leidenschaft, sie verlangt nichts, ruft nirgends hin. Es ist ein unbewegliches, mit sich zufriedenes, nach allen Richtungen beschränktes Element... Ständige Abwesenheit von Bewegung ist eine Eigenschaft, die auf ermüdete Menschen und Seelen wohltuend wirkt, aber nach einiger Zeit des Ausruhens leicht langweilig werden kann... Passivität ist die charaktervollste Eigenschaft des absoluten Grüns.«

Symbolbedeutung der Farbe Grün Früher symbolisierte Grün die Erwartung auf kommenden Erntesegen. In Jerusalem trug die Braut ein grünes Hochzeitskleid als Symbol der Hoffnung auf ein glückliches Leben und Fruchtbarkeit. Im Orient galt Grün als die Farbe des Mondes. Mond, Wasser und Wachstum verkörperten durch die Farbe Grün das lebensliebende Prinzip. Im Christentum galt Grün als Farbe des Frühlings, der Hoffnung auf Auferstehung und Unsterblichkeit. Es war die Farbe des Paradieses, von Gottes Barmherzigkeit und der Hoffnung auf Wiedergeburt. Im Alten Testament wird Grün den Gerechten und Auserwählten zugeordnet. In Ägypten und China war Grün die Farbe der Wiedererweckung. Im Islam ist Grün eine heilige Farbe.

Allgemein ist Grün für viele Völker Symbol der Hoffnung auf Leben und Überleben. »Grün ist Leben.« Es besteht eine direkte Verbindung mit dem Lebens- und Wachstumsprozeß. So wird der Mai als grüner Monat bezeichnet, der das Erwachen des Frühlings und die Vorfreude auf den Sommer verkörpert. Der Ausspruch »Er ist noch grün hinter den Ohren« visualisiert den Reifungsprozeß der Pflanzen, d. h. in diesem Falle Unreife der betreffenden Person. Symbolgestalt für Grün ist der Baum: Ein immergrüner Baum gilt als Sinnbild ewiger, unzerstörbarer Lebenskraft.

Allgemein steht Grün für das biophile Prinzip, das Leben bejaht, Wachstum und Entfaltung fördert. Weitere Symbolbedeutungen der grünen Farbe: Grün ist ein Symbol für ewig junge und umfassende Liebe (Myrtenkranz). Des weiteren ist Grün ein Zeichen für Sicherheit (z. B. grüne Ampeln) und Sanität (grüne OP-Kittel).

Assoziation zu Grün Häufige Assoziationen zu der Farbe Grün sind: Sommer, Urlaub, Wald, Wiese, Ausruhen, salzig, feucht, erfrischend, beruhigend, Wiedergeburt, Schoß, Saat, Leben, Wachstum, kalt, jugendlich, Natur, Gift.

Physiologische Wirkung der Farbe Grün Grün wirkt auf den Menschen positiv im Sinne von Beruhigung und Erholung. So spricht Goethe z. B. von »Ruhe durch Grün«. Grün schafft einen Ausgleich zu unserem hektischen Leben. Es lädt ein zur Rast und verhilft der Seele angeblich zur Harmonie. Bei Einwirkung von Grünlicht wird der Parasympathikus, der Gegenspieler zum bereits erwähnten Sympathikus, aktiviert, was Ruhe und Entspannung bedeutet. Blutdruck und Puls sinken zunächst, normalisieren sich aber relativ schnell wieder. Ich habe die Erfahrung gemacht, daß die geistige Vorstellung der grünen Farbe mit einer Entspannung der Bauch- und Brustmuskulatur verbunden ist. Grün ist auch in bezug auf die Augenruhe, die es vermittelt, eine ruhige Farbe. Goethe: »Unser Auge findet in Grün eine reale Befriedigung.« Grün steht im Mittelpunkt zwischen Erregung und Beruhigung, zwischen Lust und Unlust, so daß es neutralisierend und ausgleichend wirkt. So eignen sich z. B. grün gestrichene Räume gut für Arbeits- und Wohnräume, die Ruhe ausstrahlen und geistige Tätigkeit anregen sollen. Joseph Goldstein sagt, daß Grün die für die Ausführung von Handlungen notwendige Konzentration verursacht.

Psychologische Wirkung der Farbe Grün Die Farbe Grün wird auch gerne in der Therapie eingesetzt, da Grün ein heilsamer Einfluß auf das psychische Geschehen zugeschrieben wird (z. B. Spaziergänge in Parks). Für den Psychologen ist Grün die Grundfarbe überhaupt: Es ist die Farbe des Ichs, die Farbe des Überlebenstriebes, »der sich behaupten will und danach strebt, sich durchzusetzen«. Grün bedeutet Geltung, was sich als passive Seite der Macht verstehen läßt. Es ist Ausdruck der Beharrung und Willenskraft, aber auch der Ruhe und Harmonie.

Menschen, die die Farbe Grün bevorzugen, streben nach Selbstverwirklichung, Selbstbehauptung und Sicherung des Daseins. Es besteht ein Interesse für das Reale, die Materie. C. G. Jung hat Grün dem Wahrnehmungs- oder Empfindungstyp zugeordnet, den die Beschaffenheit der Welt interessiert, ohne aber nach den Ursachen zu suchen. Menschen mit Grünvorliebe wollen nach Lüscher unbedingt ihren Kopf durchsetzen, sich gegen Widerstände behaupten und benötigen Anerkennung. Menschen, die Grün ablehnen, möchten dasselbe, aber sie sind durch den Widerstand geschwächt und empfinden den Mangel an Anerkennung als Demütigung. Diese Menschen, so Lüscher, leiden unter der Spannung, die durch die eigenen Forderungen entstanden ist, und möchten sich demzufolge von Druck und Zwang befreien.

Die Farbe Blau

Blau ist eine angenehme, faszinierende Farbe. Sie ist zart, besänftigend, kühl und behaglich. Blau inspiriert Ruhe, Harmonie und Sicherheit.

Symbolbedeutung der Farbe Blau Im Orient ist Blau die Farbe der positiven Geister und der beschützenden Kräfte des Alls. Die Ägypter schreiben Blau eine wundersame, heilkräftige Wirkung zu. In China ist Blau die Farbe der Unsterblichkeit, in Indien ist es die Farbe der Vergeistigung, göttlichen Erleuchtung und höchster Weisheit. Blau ist die Symbolfarbe der Romantik. Im Mittelpunkt steht die Hingabe an das Mysteriöse und die Hingezogenheit zu den Tiefen der Welt des Jenseits. Im Zeitalter der Inquisition war Blau die Farbe des Teufels. In magischen Ritualen diente Blau zum Schutze gegen Dämonen und zur Abwehr böser Geister. Im Judentum ist Blau die Farbe der göttlichen Offenbarung und des göttlichen Gesetzes. Im Christentum symbolisiert Blau die Dreieinigkeit von Vater, Sohn und Heiligem Geist. Des weiteren ist es für die Christen Symbol der Mutter Maria, und somit bedeutet es auch Ruhe, Innerlichkeit, Treue und Tradition. In Europa ist die Farbe Blau ein Symbol des Glaubens. Im Blues, früher wie auch heute, drückt sich die Sehnsucht nach Freiheit und Heimat aus (früher Lied der Sklaven). ›To feel blue‹ bedeutet traurig sein, Leid, Schmerz und Liebeskummer.

Weitere Symbolbedeutung der Farbe Blau Blau symbolisiert den Himmel, das Meer, Reisen und die Sehnsucht. Blau ist ein ruhiges Sinnbild von Ganzheit – und Zyklus für den ewig wiederkehrenden Kreislauf des Lebens. Blau ist die Farbe des Gemütes, von Geist und Seele. Es ist die Farbe der Götter, der Wahrheit und Ewigkeit. Blau symbolisiert menschliche Unsterblichkeit und Lebenskraft. Die Farbe Blau steht für Erkenntnis, Erlösung, Liebe und Erfüllung der menschlichen Träume. Es ist eine weibliche Farbe, die zuverlässige Beständigkeit und Treue (»Blau ist die Treue«) symbolisiert. Blau ist ein Zeichen von Adel (›blaues Blut‹), Unschuld (›blauäugig‹) und auch Vernunft (›blauer Brief‹ in der Schule). Blau symbolisiert Nichtstun (›blaumachen‹). Blau hat kein Ziel (›Fahrt ins Blaue‹) und steht auch für völlig unerwartete Reaktionen (›sein blaues Wunder erleben‹). Blau ist die Farbe des Wunderbaren, des Märchens, des Rätselhaften, des Traumes und der Meditation. Die Farbe Blau bedeutet Ferne und Tiefe. Sie steht sowohl für die Verborgenheit des Anfangs als auch für die Geheimnisse der Zukunft. Des weiteren entspricht Blau symbolisch ruhendem Wasser, Luft, dem phlegmatischen Temperament, der linken Seite, der horizontalen Richtung, der Girlande in der Handschrift, dem süßen Geschmack, der Zärtlichkeit. Blau steht für urmütterliche Verbundenheit, Vertrauen, Hingabe und für zeitlose Ewigkeit, Tradition.

Blau wird als Sinnbild für verschiedene Gefühle aufgefaßt, es ist also ambivalent. So bringt es sowohl innige Freude als auch tiefe Trauer zum Ausdruck. Blau ist die Farbe des Blitzes (Macht, Gefahr) und Symbol für die Fruchtbarkeit des Landes, der Ehebündnisse und des Glücks. Blau birgt in sich etwas Unerreichbares, ›In-den-Wolken-Liegendes‹, etwas Vergangenes und somit Nostalgie, Sehnsucht nach der Ferne. Blau ist die Welt des Jenseits und des Mystizismus. Die blaue Farbe kann auch für Aberglaube, Furcht, Verlorenheit und Trauer stehen. Sie weist aber immer in das Reich der Übersinnlichkeit, des Transzendenten.

Assoziationen zu Blau Häufige Assoziationen zur Farbe Blau sind: Ruhe, ungefährlich, passiv, fern, zurückgezogen, kalt, naß, glatt, sauber, geruchlos, leise, Melancholie, Samt, Nachdenken, schwer, Nacht, Magie, Zauberer, Zärtlichkeit, Liebe, Intelligenz, Schatten, Treue, Nerven, dunkel, Wasser, Himmel.

Physiologische Wirkung der Farbe Blau Blau ist eine anziehende und angenehme Farbe, vor allem für Hypotoniker

(Menschen mit niedrigem Blutdruck). Die physiologische Wirkung von Blaulicht ist eindeutig Ruhe. Blau wirkt auf den Vagusnerv, der stark beruhigenden Einfluß auf alle körperlichen Vorgänge ausübt: Der Körper wird auf Erholung und Schonung eingestellt. Nach meinen Erkenntnissen ist bei der geistigen Vorstellung der blauen Farbe vor allem eine Entspannung der Muskeln von Armen und Schultern möglich. Die Konzentrationsfähigkeit wird gesteigert, der Blutdruck steigt nur kurzzeitig ganz leicht an, die Adrenalinausschüttung wird gehemmt, der Blutzuckerspiegel sinkt, Ekzeme können gelindert werden. Der Mensch wird müde und empfindet Kühle. Für Max Lüscher repräsentiert Blau erregungsfreie Ruhe: »Beim Betrachten von Dunkelblau tritt eine vegetative Beruhigung ein, Puls, Blutdruck, Atmungsfrequenz und die Wachfunktionen werden verringert und reguliert.« Früher wurde Blau bei magischen Heilmethoden benutzt. Nach dem Gesetz des Gegensatzes wurden mit Blau Krankheiten bekämpft, die Hitze oder rote Farbe mit sich bringen. Blau sollte kühlen. Gegen Entzündungen nahm man blaue Stoffe, blaue Kornblumen sollten blutstillend wirken. Nach dem Gesetz der Identität sollte Blau gegen ›blaue Krankheiten‹ wirken, wie z. B. Augenkrankheiten. »Blau stärkt die Sehkraft.« Hierzu wurden z. B. Vergißmeinnicht verwendet.

Psychologische Wirkung der Farbe Blau Die psychologische Wirkung von Blau ist Ruhe und Zufriedenheit. So sagt Kandinsky: »Die Neigung des Blaus zur Vertiefung ist so groß, daß es gerade in tiefen Tönen intensiver wird und charakteristischer, innerlicher wirkt. Je tiefer das Blau wird, desto mehr ruft es den Menschen in das Unendliche, weckt in ihm die Sehnsucht nach Reinem und schließlich Übersinnlichem. Blau ist die typisch himmlische Farbe. Sehr tief gehend entwickelt das Blau das Element der

Ruhe.« Für die Meditation wird ein dunkles Blau bevorzugt. Suggeriertes Blau in der Entspannung ist geeignet, Inhalte aus dem Tiefenbewußtsein zu empfangen. Die beiden Psychologen Favre und November bezeichnen Blau als »tiefgründige und feminine Farbe, die eine ruhige, entspannte Atmosphäre schafft. Sie wird von Erwachsenen bevorzugt und drückt eine gewisse Reife aus, die jedoch an Kindheitserinnerungen hängt. Blau steht in der Verbindung zum inneren, geistigen Leben... Je dunkler das Blau ist, um so mehr zieht es uns in die Unendlichkeit.« Max Lüscher sieht Dunkelblau als farbliche Repräsentation des Grundbedürfnisses des Menschen nach Befriedigung: »Befriedigung ist der Eintritt von Frieden und Zufriedenheit. Wer sich in diesem ausgeglichenen, spannungslos-harmonischen Zustand befindet, fühlt sich eingefügt, verbunden und geborgen.« Blau ist für Lüscher Voraussetzung für ästhetisches Erleben und besinnliches Nachdenken.

Blau ist also eine geistige Farbe, die Träume erzeugt und den Menschen in die eigene Tiefe führt. Menschen, die zur Ruhe neigen, mögen Blau. Sie sind gekennzeichnet durch Besonnenheit, äußere Kühle mit Konzentration, Genauigkeit und rasches Arbeiten. Blau bedeutet Hingabebereitschaft, Fähigkeit zur inneren Reizverarbeitung und Regulation. Gefühle werden rational gesteuert. Menschen mit Blauvorliebe sind meist selbständig, sachlich und vertrauenswürdig.

Die Farben Lila und Violett

Violett ist die eigenartigste, faszinierendste und geheimnisvollste Farbe. Sie ist fremdartig und exotisch, unbekannt und unheimlich, beglückend und beeindruckend, aber auch drohend und bedrückend. Violett und Lila sind zwei Begriffe für eine Farbe, wobei Violett die exakte Mischung zwischen Blau und Rot ist und der Farbton eher ins Dunkle tendiert. Lila ist ein sehr helles, blasses, angenehmes Violett (Flieder).

Symbolbedeutung der Farben Lila und Violett Im Christentum übten die Träger violetter Kleidung eine Mittlerfunktion zwischen Diesseits und Jenseits aus. Violett ist in der katholischen Liturgie ein Symbol der Buße und der Besinnung, des Opfers und der Passion. Violett ist die Farbe der Transzendenz und Grenzüberschreitung (ein sehr gutes Beispiel hierfür ist das Mentaltraining), der Durchdringung, Verschmelzung und Aufhebung der Widersprüche und Gegensätze, Violett ist Symbol der Magie, Zauberei und Mystik. Es ist Zeichen für die Überschreitung der Grenzen von der materiellen in die spirituelle Welt. Die Farbe Violett gehört zum Reich der Geister, Gespenster und Dämonen. Violett ist die mystische Einheit der Gegensätze, die Farbe Neptuns und Saturns. Die violette Farbe verkörpert die Verinnerlichung des Gefühls, die Versenkung und Meditation. Es ist Symbol der Macht, Magie und des Geheimnisses. Deshalb ist Violett wahrscheinlich die bevorzugte Farbe der phantastischen Literatur. Violett ist auch eine melancholische Farbe, die für nicht wissende Frömmigkeit, aber auch für Aberglaube steht. Violett, die Farbe des Unbewußten, symbolisiert Finsternis, Tod und Erhabenheit, Einsamkeit und Hingabe, himmlische Liebe und geistliche Herrschaft.

Assoziation zu Lila und Violett Häufig genannte Assoziationen zu Violett sind: düster, tief, narkotisch, zwielichtig, samtig, würdevoll, faulig-süß, Moll-Klang, Magie, Mystik, Introvertiertheit, Geheimnis, Trauer, Maske, verboten, intim, dunkel, sinnlich, melancholisch.

Häufig genannte Assoziationen zu Lila: schwächlich, zart, süß, dekadent, kosmetisch, intim, zärtlich, weich, morbid, einsam, verzweifelt, Phantasie, magisch.

Beides, Violett und Lila, sind sehr kosmetische Farben, denen immer sofort bestimmte Duftrichtungen (Veilchen, Flieder) zugeordnet werden. Favre und November, die Violett als die geheimnisvollste und rätselhafteste aller Farben beschreiben, setzen Violett gleich mit meditativem, mystischem Denken.

Physiologische Wirkung der Farben Lila und Violett Die körperlichen Reaktionen auf die Farbe Lila bestehen nach meinen Erfahrungen vor allem in einer Entspannung der Nacken- und Kopfmuskulatur, auch der Muskeln im Gesicht, so z. B. um den Mund und um die Augen. Der physiologische Effekt von violettem Licht ist die Erzeugung absoluter Ruhe und Stille. Es tritt eine vegetative Beruhigung ein, d. h. der Körper ist voll und ganz auf Erholung und Schonung eingestellt. Blutdruck und Puls sinken, die Atmung wird tiefer, es kommt zu einer tiefen Entspannung aller körperlichen Vorgänge. Der Mensch bekommt durch diesen Zustand Zugang zu seiner Innenwelt, zu seinem Unterbewußtsein.

Psychologische Wirkung der Farben Lila und Violett Nach meinen Erkenntnissen ist die psychologische Wirkung der Farben Lila und Violett Ruhe und innerer Frieden. Violett ist eine aufnehmende Farbe, die dem Menschen das Tor zum Unterbewußtsein öffnet und ihn aufnahmefähig macht für Suggestionen. Menschen, die Violett bevorzugen, sind gefühlsbetont und sensibel. Max Lüscher sagt, Violett sei Ausdruck der Identifikation und Zeichen für hochsensible Einfühlung (»alles was ich denke und tue, muß der Wirklichkeit entsprechen«). Wer Violett mag, möchte, so Lüscher, eine magische Beziehung eingehen. »Er wünscht sich, bezaubert zu werden, aber er möchte auch selbst einen Zauber und suggestiven Charme ausüben, denn in der magischen Identifikation ist der Subjekt-Objekt-Gegensatz aufgehoben.« Wobei Lüscher die Identifikation als erotische Verschmelzung oder Einheit als Undifferenziertheit und schwebende Unentschiedenheit versteht. Die Grenzen zwischen Ich und Außenwelt verwischen sich, gehen ineinander über. Die Bevorzugung von Violett drückt, so Heinrich Frieling, den Versuch aus, die vordergründige Welt von innen heraus zu begreifen. Es ist ein ›Sich-Verbergen‹, Maskieren. Violett steht für den Wechsel der Stimmung, für die Schwankung der Gefühle. So kann einmal eine Verzichtsstimmung bestimmend sein, dann wieder der Drang nach Mitbeteiligtsein. Meditative Betrachtung und auch der Wunsch nach Versenkung und Abschalten sind nicht weit voneinander entfernt. Violett bedeutet Versenkung und Andacht, Faszinationsbereitschaft und zuweilen auch Verführbarkeit sowie die Sehnsucht nach magisch-erotischer Identifikation. Die Bevorzugung der Farbe Lila drückt ein erotisches Interesse aus. Lila bedeutet, daß diese Menschen eine besondere Beziehung zum Dulden und Leiden haben.

Menschen, die Lila mögen, sollen leichter erregbar, verführbar und schwankend in ihren Stimmungen sein, meist sind sie zärtlich und liebenswürdig und auf der Suche nach Geborgenheit. Besonders vor der Pubertät werden diese Farben bevorzugt, und auch hormonelle Beeinflussungen scheinen zur Bevorzugung von Violett zu führen, wie z. B. Farbwahltests bei Schilddrüsendysfunktionen und auch bei Frauen während der Schwangerschaft gezeigt haben. Es wird auch über eine mögliche Heilwirkung der violetten Farbe diskutiert; Violett bildet Milz, regt Lymphe an und spendet Kraft.

Ich möchte nun noch auf die Symbolik von Schwarz und Weiß eingehen, obwohl beide – als Nichtfarben – bei der Farbentspannung nicht verwendet werden. Dennoch üben sie im täglichen Leben beträchtliche Wirkungen auf uns aus. So ist es zum Beispiel für Ihr seelisches Befinden nicht unwichtig, ob Sie sich Tag für Tag ganz in Schwarz oder ganz in Weiß kleiden.

Die Farbe Schwarz

Schwarz ist die dunkelste ›Farbe‹, die von Farbtheoretikern im Gegensatz zu den bunten Farben als unbunt oder Nichtfarbe bezeichnet wird. Trotzdem ist Schwarz sehr bedeutend und hat eine ausgeprägte Symbolik.

Symbolbedeutung der Farbe Schwarz Die Symbolbedeutungen von Schwarz haben sich seit Jahrtausenden erhalten. Schwarz verkörpert, früher wie heute, die Mächte der Finsternis, das Böse. Schwarz verneint das Leben, es ist die Farbe des Nichts, des Negativen. Schwarz steht für das Schlechte der Welt, für den Teufel als Gegenpol Gottes. Max Lüscher sieht in Schwarz anarchistische Opposition, zwingende Machtansprüche, aber auch etwas Würdevolles, das feierlichen Ernst zum Ausdruck bringt (z. B. Priesterkleidung, Richter). Gerade in schwarzen Amtstrachten kommt diese Distanzierung zum Tragen. Schwarze Kleidung ist aber auch ein Zeichen des Protests, der Auflehnung gegen Alltägliches, denke man z. B. an die schwarze Kluft von Rockern oder Punkern. Schwarze Kleidung kann auf der anderen Seite aber auch Eleganz oder Trauer ausdrücken. Schwarz ist verbunden mit Tod, Begräbnis und Trauer. Schwarz bedeutet Hoffnungslosigkeit und steht für die Urangst des Menschen. Schwarz symbolisiert den Verlust, den Verfall, Siechtum und Krankheit (›Schwarzer Tod‹, d. h. die Pest).

In zahlreichen Sprichwörtern und Redewendungen kommt Schwarz vor. Hier eine Auswahl: ›Schwarze Magie‹, ›Schwarze Messe‹ (wird von Anhängern des Okkultismus, die das Christentum verneinen, zelebriert), ›den Schwarzen Peter ziehen‹ (die schlechteste Karte), ›schwarzes Schaf‹ (Unglücksvogel, anders sein), ›Schwarzer Humor‹, ›Schwarzarbeit‹ und ›Schwarzfahren‹ (beides unerlaubte Tätigkeiten).

Hier können noch unzählige Begriffe und Redewendungen aufgeführt werden, wie z. B. der ›schwarze Mann‹, womit Kinder vor fremden Personen gewarnt werden sollen, oder die ›schwarze Katze‹, die Unglück bringt, wenn sie uns über den Weg läuft. ›Mir wird schwarz vor Augen‹ zeigt eine bevorstehende Ohnmacht an, die einen ins Nichts versinken läßt.

Zum Schluß noch ein Zitat von Favre und November, die schreiben: »Schwarz ist dunkel und kompakt, und stellt ein Symbol der Verzweiflung und des Todes dar. Es ist die Leere ohne Möglichkeiten, ein ewiges Schweigen ohne Zukunft, ja sogar ohne Hoffnung auf eine Zukunft.« Es gibt nur wenige Ausnahmen, die nicht dem lebensverneinenden, pessimistischen Charakter von Schwarz entsprechen, so z. B. im erotischen Bereich, denke man an schwarze Reizwäsche oder schwarz getuschte Wimpern und mit schwarzem Kajal umrandete Augen, die schon im alten Ägypten als erotisierend und geheimnisvoll galten.

Assoziation zu Schwarz Häufig genannte Assoziationen zu Schwarz sind: Tod, Nacht, Trauer, bedrohlich, feindlich, Schatten, Friedhof, Unglück, tief, schwer, bedrükkend, endgültig, Grab, Finsternis.

Physiologische Wirkung der Farbe Schwarz Für Lüscher besteht die physiologische Wirkung von Schwarz in einer ›Stauung‹, einer Abwehr und Verdrängung der Reizeinflüsse. Die körperliche Reaktion ist nicht nur Ruhe, sondern kann sich bis zur absoluten Passivität und Reglosigkeit steigern.

Psychologische Wirkung der Farbe Schwarz Die psychologische Wirkung von Schwarz ist Zwang. So schreibt z. B. Frieling: »Die Verabsolutierung durch das Schwarz zeigt auf etwas Endgültiges, Unerlösbares, Unerlösliches. Daher drückt es gewisse Zwänge aus, vom Überdrußgefühl angefangen bis zur schweren Zwangsneurose. Stets zeigt Schwarz irgendeinen Konflikt an, auf welchem Gebiet er auch innerlich ausgetragen werden mag... Die Ablehnung des Schwarz ist aber auch Tendenz, sich von Undurchschaubarem nicht ängstigen lassen zu wollen, aber gleichwohl ist sie die Angst vor destruktiven Ereignissen, Abgründen und Schicksalsmächten.« Lüscher sagt, daß Schwarz Verzicht bedeutet. Menschen, die Schwarz bevorzugen, verzichten aus trotzigem Protest, sie lehnen sich auf gegen ihr Schicksal. »Wer Schwarz ablehnt, will nicht verzichten. Verzicht bedeutet für ihn Entbehrung und ein ängstigendes Defizit. Da er kaum verzichten kann, läuft er Gefahr, überfordernde Ansprüche zu stellen.« Nach den Erkenntnissen Lüschers wird Schwarz von den meisten Menschen abgelehnt, sowohl von Kindern als auch von Erwachsenen. Wenn Schwarz bevorzugt wird, dann meistens von Personen, die einer starken seelischen Belastung ausgesetzt sind (z. B. Kinder in der Pubertät, Psychotiker, Depressive). So scheint Schwarz mit einer Urangst des Menschen zusammenzuhängen. Schwarz soll auch von intellektuellen, der Theorie verhafteten und spekulativen Menschen bevorzugt werden.

Die Farbe Weiß

Weiß ist wie Schwarz auch eine sogenannte ›unbunte‹ Farbe, eine Nichtfarbe. Weiß ist mehr ein interpretierbarer Zustand als eine wirkliche Farbe, besitzt aber ebenfalls eine ausgeprägte Symbolik.

Symbolbedeutung der Farbe Weiß Weiß gilt allgemein als Symbol der Reinheit, Klarheit und Unschuld. Weiß symbolisiert Sauberkeit und Hygiene, was z. B. an Krankenhäusern und Arztpraxen deutlich wird. Der ›Sauberkeitszwang‹ der Deutschen wird auch in der Waschmittelwerbung benutzt: ›weißer als Weiß‹. Weiß steht zugleich für die Freiheit von Makeln und Fehlern, denke man nur an den Begriff der ›weißen Weste‹. Weiß ist der Anfang, die Repräsentation des Lichtes und der Allfarbigkeit. Weiß, die Farbe des Nirwana, bedeutet im Buddhismus die erhoffte völlige, selige Ruhe. Im asiatischen Bewußtsein drückt Weiß die Auflösung des Körpers aus, d. h. Weiß ist die Farbe des leiblichen Todes. Früher war Weiß eine Bestattungsfarbe (Leichentuch), es war ein Zeichen der Trostlosigkeit und Trauer. Im Christentum ist Weiß die Farbe des absoluten Ja, es steht für das Licht der Erleuchtung, so sagte auch Gott: »Es werde Licht.«

Weiß steht also für Ja zum Leben, aber auch für Auflösung und Flucht. Ein Beispiel hierfür ist die in Kriegszeiten verwendete weiße Fahne als Zeichen der Kapitulation und Aufgabe. Weiß steht für die Aufhebung aller Erdenschwere, für die Entmaterialisierung (Gespenster werden weiß dargestellt), für die Loslösung und Befreiung. Die Vertreter des Guten, des lebensliebenden Prinzips werden auch ›weiße Magier‹ genannt. In der katholischen Liturgie ist Weiß die ›Farbe‹ der Heiligen, des Sakramentes und der feierlichen Weihen.

Assoziation zu Weiß Schnee, Engel, Wolken, Weite, Reinheit, Eleganz, Freiheit, Schwan, Taube, unnahbar, empfindsam, kalt, abweisend, steril, sauber, lebhaft, freundlich, Brautkleid, Hochzeit, Jungfräulichkeit und Kühle sind häufig genannte Assoziationen zu Weiß.

Physiologische Wirkung der Farbe Weiß Weiß wirkt physiologisch als Auflösung, es wirkt eher neutralisierend. Reines Weiß blendet den Menschen, es ist zu hell, ermüdet ihn. In einem rein weißen Raum fühlt man sich nicht wohl, er wirkt steril und kühl.

Psychologische Wirkung der Farbe Weiß Psychologisch bedeutet Weiß die Chance zur Freiheit. Für Lüscher ist Weiß Grenzort des Anfangs und der Bejahung: »Wer im Test auf der Tafel der unbunten Farben Weiß bevorzugt, der benötigt eine entlastende Befreiung von widrigen Umständen.« Eine Bevorzugung von Weiß kann bedeuten, daß dieser Mensch etwas vergessen, auslöschen möchte. Man kann manchmal sogar auf episodische Trancen und Dämmerzustände schließen. Kinder, die Weiß mögen, sind oft sehr einsam und abgekapselt.

Weiß wird von Menschen bevorzugt, die in einer eigenen Welt leben, die nur in der Einbildung existiert, aber als Realität genommen wird. Wenn ein Kind Weiß ablehnt, so läßt das auf eine gewisse Angst vor Leere schließen. Ist das Kind älter, so weist die Bevorzugung der weißen Farbe auf Schuldgefühle hin. Der Designer H. Braem beschreibt Weiß als den Anfang aller Möglichkeiten und zugleich als Flucht vor den daraus entstehenden Folgen. Lüscher schreibt: »Die Wahl unter unbunten Farben zeigt eine affektive und psychomotorische Ausgangslage, den vegetativen Tonus und das psychoenergetische Niveau des Subjekts, wobei der Objektbezug fehlt oder diffus bleibt.« Das bedeutet, daß Weiß für Gefühl steht, für Bewegung und auch eine gewisse Ichbezogenheit. Nur wenige Menschen entscheiden sich für Weiß als ihre Lieblingsfarbe, wobei Weiß häufiger von Frauen bevorzugt wird. Favre und November beschreiben die psychologische Wirkung von Weiß folgendermaßen: »Weiß suggeriert Reinheit, das Unerreichbare, das Unnahbare und das Unerklärbare. Durch das Fehlen einer besonderen Eigenschaft schafft es den Eindruck von Leere und Unendlichkeit. Weiß hat auf unsere Seele die Wirkung absoluten Schweigens, aber eines Schweigens voller lebendiger Möglichkeiten.«

Methoden der Farbentspannung

Ich möchte Ihnen nun die Methode der Farbentspannung vorstellen. Bevor Sie mit dieser Übung beginnen, sehen Sie sich bitte die Farbskala an, die diesem Buch beigegeben ist. Blicken Sie lange und ruhig auf eine Farbe, lassen Sie ihren Charakter auf sich wirken. Schließen Sie nach dem Betrachten der ersten Farbe kurz die Augen und stellen Sie sich diese Farbe im Geist vor. Dann öffnen Sie die Augen wieder und verfahren ebenso mit jeder weiteren Farbe.

Übung 1 Begeben Sie sich in einem ruhigen, abgedunkelten Raum in die entspannte Rückenlage oder den Droschkenkutschersitz. Schließen Sie die Augen und entspannen Sie sich. Wichtig ist eine gleichmäßige und ruhige Atmung. Jetzt stellen Sie sich in einer festen Reihenfolge sechs verschiedene Farben vor.

Atmen Sie tief ein und stellen Sie sich, während Sie ausatmen, vor Ihrem inneren Auge die Farbe *Rot* vor. Tun Sie das so lange, bis Sie das Rot ganz klar sehen. Die Atmung vertieft sich, und das bewußte Erleben wird gesteigert.

Atmen Sie nun wieder tief ein, und während Sie ganz bewußt ausatmen, stellen Sie sich die Farbe *Gelb* vor, ein warmes Goldgelb. Sie werden dadurch ruhiger und entspannen die Muskeln des Unterkörpers und der Beine. Das führt zu einem angenehmen Schwere- und Wärmegefühl.

Allmählich verblaßt die gelbe Farbe, und Sie stellen sich – wieder beim Ausatmen – ganz intensiv die Farbe *Grün* vor. Grün beruhigt Ihren Organismus, Blutdruck und Pulsfrequenz sinken. Mit der Vorstellung der Farbe Grün ist eine Entspannung der Bauch- und Brustmuskulatur verbunden, Wärme durchströmt den Bauchraum.

Dann stellen Sie sich, indem Sie wieder tief ausatmen, die Farbe *Blau* vor. Tun Sie dies so lange, bis Sie innerlich vollständig von einem schönen Blau umgeben sind. Die Farbe Blau übt auf alle körperlichen Vorgänge einen stark beruhigenden Einfluß aus, gleichzeitig werden vor allem die Muskeln der Arme und der Schultern entspannt.

Nun atmen Sie wiederum tief ein und imaginieren während des Ausatmens die Farbe *Lila*. Sie entspannen mit der Vorstellung der Farbe Lila die Nacken- und Kopfmuskulatur, auch die Muskeln im Gesicht, besonders um Mund und Augen. Es tritt nunmehr eine weitere innere Beruhigung ein, und Sie bekommen Zugang zu Ihrer Innenwelt, zu Ihrem Unterbewußtsein.

Im Zustand absoluter Ruhe atmen Sie noch einmal tief ein und stellen sich bei einem bewußten Ausatmen die Farbe *Violett* vor. Dieses tiefdunkle Violett führt einen Zustand absoluter Stille und vollkommenen inneren Friedens herbei.

Nun ist das Tor zu Ihrem Unterbewußtsein offen, und das macht Sie aufnahmefähig für Autosuggestion.

Die *Farbentspannung* ist besonders wirksam bei Nervosität, Schlaflosigkeit, Kopfschmerzen, psychosomatischen

Beschwerden, Angstzuständen und Depressionen. Konzentration, Gedächtnis und psychische Spannkraft werden erweitert, und die Imaginationsfähigkeit kann geschult werden.

Ich hoffe, daß meine Erläuterungen über die Wirkung der Farben Sie auch im Alltag sensibler machen werden. Nutzen Sie die Kraft der Farben für Ihre Ziele!

Zum Schluß möchte ich Ihnen eine universelle Übung anbieten, die mehrere Mentaltechniken miteinander verbindet. Sie können sich den Text selber auf eine Audiokassette sprechen, besser ist es jedoch, wenn Sie sich die Originalkassette bestellen, die fachmännisch besprochen worden ist (›Lebensenergie Mentaltraining‹, Privat-Institut für Hypnose & Mentaltraining, Kaiserstr. 10, 6600 Saarbrücken).

Übung 2 Ich begebe mich nun in eine bequeme Haltung und schließe ganz langsam meine Augen. Ich lasse die Außenwelt und alle Umweltgeräusche bewußt los und richte die Aufmerksamkeit meiner Gedanken nach innen. Alle meine Gedanken richten sich auf einen Punkt. Nichts kann mich jetzt noch stören. Von nun an verändere ich nichts mehr, sondern beobachte nur noch meinen *Atem*, und während ich meinen Atem beobachte, lasse ich ihn immer tiefer werden. Mein Atem wird tiefer und tiefer. Er wird gleichmäßig und ruhig. Ganz ruhig und gleichmäßig ist nun mein Atem. Ich atme ganz ruhig und gleichmäßig. Ich sinke immer tiefer und tiefer in diesen wunderbaren Ruhezustand und fühle mich wohl. Ich fühle mich unsagbar wohl. Ich atme gelassen und ruhig und bestimme damit ganz bewußt die Qualität meines Atems. Dadurch breitet sich ein Wohlgefühl in meinem ganzen Körper aus. Ich bin gelassen und ruhig. Ich fühle mich wohl. Ich bin still und friedlich. In diesem wunderbaren Ruhezustand lasse ich mich absolut vertrauensvoll in die allumfassende Ordnung und Harmonie meines Körpers und meiner Seele hineinsinken. Ein tiefer Friede erfüllt mich. Ich bin eins mit mir und der Welt. Ich ruhe jetzt in der Mitte meines wahren Wesens.

Ich atme jetzt einmal tief ein, und während ich ausatme, stelle ich mir eine Leinwand mit der Farbe *Rot* vor. Vor meinem geistigen Auge sehe ich jetzt nur noch die Farbe Rot. Immer deutlicher und deutlicher wird dieses Rot vor meinem geistigen Auge, und während ich nunmehr dieses Rot ganz klar vor mir sehe, spüre ich, wie ich innerlich gelöster und ruhiger werde. Ich werde immer gelöster und ruhiger. Alles Äußere lasse ich absolut und vollkommen los und sinke dabei immer tiefer und tiefer in diesen wunderbaren, wohltuenden Ruhezustand. Mein Geist ist völlig gelöst und frei, und ein wunderbares Gefühl durchströmt meinen ganzen Körper, und diesem Gefühl gebe ich mich nunmehr ganz hin.

Nunmehr atme ich wieder tief ein, und während ich ausatme, stelle ich mir die Farbe *Gelb* vor. Dieses leuchtende Gelb erfüllt mein ganzes Bewußtsein. Es ist ein schönes Goldgelb, und während diese Farbe mich vollkommen umgibt, lasse ich nun auch alle Muskeln des Unterkörpers total los. Meine Beine und mein Unterkörper sind absolut gelöst und entspannt. Ich fühle mich unsagbar wohl und lasse mich nunmehr noch wesentlich tiefer in diesen wunderbaren Ruhezustand sinken, immer tiefer – immer tiefer.

Nun atme ich wieder tief ein, und während ich ausatme, stelle ich mir die Farbe *Grün* vor, und dieses Grün sehe ich ganz deutlich vor meinem geistigen Auge, und während dieses Grün deutlicher und klarer wird, lasse ich es auf mich wirken. Ich lasse es auf mich wirken und entspanne ganz bewußt Bauch und Brust. Auch mein Atem ist ganz ruhig, und in mir spüre ich ein wunderbares Gefühl der Ruhe und Entspannung. Mein gesamter Körper ist von dieser Ruhe erfüllt, und nun kann ich alle Gedanken, die mich ablenken können, weit von mir weisen.

Ich atme nun wieder tief ein, und während ich ausatme, stelle ich mir die Farbe *Blau* ganz deutlich und klar vor. Während ich diese klare Farbe Blau sehe, erfüllt sich mein ganzes Sein mit einer wunderbaren Ruhe und Zufriedenheit. Ich finde es schön, so ruhig und so zufrieden zu sein wie in diesen Sekunden.

Doch nun lasse ich auch ganz bewußt die Muskeln meiner Arme und Schultern los. Schultern und Arme sind ganz locker und entspannt.

Ich atme nun wieder tief ein, und während ich ausatme, stelle ich mir die Farbe *Lila* vor. Ganz deutlich sehe ich die Farbe Lila. Und während ich die Farbe Lila sehe, lasse ich auch ganz bewußt meinen Nacken und meinen Kopf los. Auch die Muskeln im Gesicht, um die Augen und um den Mund lasse ich ganz locker. Ich fühle mich unsagbar wohl. Denn nichts, absolut nichts ist jetzt mehr wichtig oder kann mich berühren. Ich fühle mich einfach unsagbar wohl, und ich bin glücklich.

Ich atme nun noch einmal tief ein, und während ich ausatme, stelle ich mir die Farbe *Violett* vor. Während ich dieses dunkle Violett sehe, spüre ich in mir die absolute Stille. Ich bin nunmehr ganz ruhig und still – unsagbar still. Nun bin ich in der Mitte meines wahren Wesens vollkommen ruhig und gelöst angekommen.

In der Mitte meines wahren Wesens sehe ich nunmehr ein *Licht*. Mit voller Freude nehme ich dieses Licht wahr und gehe hinein in dieses Licht und hinein in meine lichte Innenwelt. Ich gehe noch tiefer in dieses Licht, und eine unendliche Weite umgibt mich.

Es ist schön hier, richtig schön und auch angenehm. In dieser unendlichen Weite erkenne ich eine *Wiese.* Ich gehe auf diese wunderschöne Wiese und rieche den Duft des Grases, höre die Vögel zwitschern und das Rauschen des Windes in den Bäumen. Ganz deutlich spüre ich das Gras unter meinen Füßen und spüre die Sonne auf meiner Haut. Ich nehme diese wunderbare Wiese mit allen Dingen bewußt wahr – es ist meine Wiese, und ich nehme sie vollständig in Besitz. Leichten Schrittes gehe ich weiter über diese Wiese und komme an einen See, einen Fluß oder gar an das Meer.

Es ist einfach wunderschön hier, und ich fühle mich vollkommen wohl. Ich gehe nun weiter an dieses *Wasser* heran und erkenne ein vollkommen klares und reines Wasser. Ich trinke von diesem Wasser, und es schmeckt einfach köstlich, und dieses Wasser ist absolut rein, und während ich dieses Wasser getrunken habe, ist auch mein Bewußtsein vollkommen rein und gereinigt.

Wenn ich will, steige ich nun ganz in dieses Wasser und nehme ein Bad. Dieses Bad reinigt mich von allen unvollkommenen Gedanken. Es ist wie ein Jungbrunnen, der mich verjüngt und erfrischt.

Doch dieses Bad spült auch alle Unvollkommenheit von mir ab. Es ist für mich äußerst angenehm, dieses Bad zu nehmen.

Ich lasse mich nun von der Sonne trocknen, ziehe mich wieder an, und nun fühle ich mich unsagbar rein von innen und sauber von außen.

Ich drehe mich auf meiner Wiese um und erkenne einen *Berg*. Zu der Spitze des Berges führt ein Weg. Ich gehe nun diesen Weg entlang, um auf die Spitze des Berges zu gelangen. Schritt für Schritt schreite ich diesen Weg entlang, denn ich will auf die Spitze des Berges gelangen. Schritt für Schritt gehe ich auf die Spitze dieses Berges.

Endlich bin ich oben angekommen auf der Spitze des Berges. Ich wende mich nun der *Sonne* zu, der ich nun ganz nahe bin. Ich schließe meine Augen, breite meine Arme weit aus, um dieses strahlende Licht vollkommen zu empfangen.

Ich spüre, wie die Strahlen meinen ganzen Körper durchdringen und jede Zelle meines Körpers erfüllen mit Wärme und Energie.

Mein inneres Licht verbindet sich nun mit diesen Strahlen, und aus diesem Zusammenschluß wird ein einziges geistiges Licht. Mein Bewußtsein vereinigt sich mit dem Allbewußtsein.

Nunmehr erinnere ich mich wieder an meinen *Wunsch* und an mein *Ziel*. Ganz deutlich sehe ich nun das Bild der Wunscherfüllung vor meinem geistigen Auge, und ganz bewußt setze ich nun die Ursache, damit mein Wunsch erfüllt werden kann.

Im schöpferischen Bewußtsein setze ich nun eine Ursache und fühle mich wert, Erfüllungen jetzt zu empfangen. Ganz bewußt identifiziere ich mich nun mit dem gewünschten Endzustand, und immer deutlicher sehe ich das Bild der *Erfüllung* vor mir. Diesen Endzustand nehme ich jetzt in Besitz.

Immer deutlicher sehe ich den gewünschten *Endzustand*. Ich werde erfüllt mit einem starken Gefühl der Freude und Dankbarkeit, denn nun weiß ich, daß die Ursache gesetzt ist und die gewünschte Wirkung sich in meinem Leben verwirklichen muß.

Dies ist ein geistiges Gesetz, und dafür bin ich dankbar. Ich weiß, daß es von nun an in meiner Hand liegt, mein Leben selbst zu gestalten, und dafür bin ich dankbar. Ich bin aus tiefstem Herzen dankbar, daß es dieses geistige Gesetz gibt. Von nun an setze ich meine Fähigkeiten und Kräfte gezielt ein, um mein Leben selbst zu gestalten.

Ich bin es absolut wert, *Erfüllung* zu empfangen, und lebe nunmehr bereits in der Verwirklichung des Endzustandes. Ich habe mein geistiges Erbe angenommen und bin aus tiefstem Herzen froh und dankbar.

Noch einmal nehme ich dieses Licht wahr, denn dieses Licht ist wie eine Quelle für mich, und ich fühle mich bei der Vereinigung mit diesem Licht unsagbar wohl. Stets werde ich in Zukunft aus dieser Quelle schöpfen, wann immer ich es will.

Nun löse ich mich ganz allmählich wieder aus diesem Erlebnis und komme zurück an die Oberfläche des Hier und Jetzt. Ich öffne, wann immer ich es will, meine Augen, recke und strecke mich und fühle mich wieder bewußt im Hier und Jetzt.

Ich fühle mich frisch und wohl, denn mein Wunsch wird Erfüllung finden. Ich fühle mich jetzt wieder ganz wohl und ich bin glücklich, daß mein Wunsch Erfüllung finden wird.

Teil 3

Erfolg durch Mentaltraining

1. Kapitel

Konzentration kann man lernen

Ich habe Ihnen jetzt die acht grundlegenden Techniken des Mentaltrainings vorgestellt. Nun möchte ich Ihnen noch einige praktische Hinweise geben, wie Sie Ihre Konzentrationsfähigkeit steigern können. Konzentration ist keine eigene Technik, sie ist vielmehr die Voraussetzung für die erfolgreiche Anwendung des Mentaltrainings.

Was ist Konzentration? Das Wort besteht aus der Vorsilbe ›kon‹ (= zusammen) und ›zentrieren‹, also auf eine Mitte beziehen. Wenn wir uns konzentrieren, fassen wir unsere Gedanken zusammen, sammeln sie, bündeln sie. Dadurch verstärken wir ihre Kraft. Denken Sie an einen Lichtstrahl: Je gebündelter das Licht, desto größer die Helligkeit auf einer bestimmten Fläche. Desto dunkler aber auch die Umgebung dieser Fläche. Wer sich konzentriert, blendet also im wahrsten Sinne des Wortes alles aus, was nicht dem Gegenstand seiner Konzentration gilt.

Die meisten erfolgreichen Menschen gründen ihre Leistungsfähigkeit zu einem wesentlichen Teil auf ihre enorme Fähigkeit, sich zu konzentrieren. Sie werden aus eigener Erfahrung wissen, daß es nicht darauf ankommt, wie lange Sie an einem Schreibtisch sitzen, sondern darauf, was Sie in dieser Zeit tun. Drei Stunden konzentrierte Arbeit bringen im allgemeinen wesentlich mehr als acht Stunden fahrige Zerstreutheit.

Fassen wir noch einmal zusammen: Konzentration ist die gerichtete Aufmerksamkeit auf bestimmte Erlebnisinhalte, wie Gedanken, Wahrnehmungen, Handlungen, unter Ausschaltung äußerer und innerer Störquellen.

Man unterscheidet nun die willkürliche Konzentration, also die aktive, bewußte Zuwendung auf einen Punkt, von der unwillkürlichen, passiven Konzentration. Diese unwillkürliche Konzentration nennen wir auch Interesse.

Bei der bewußten Konzentration lassen sich wiederum zwei Arten unterscheiden: zum einen die statische Konzentration, also die starre Fixierung eines Objekts, zum anderen die dynamische Konzentration, bei der das im Zentrum stehende Objekt intensiv betrachtet und bewertet wird. Die statische Konzentration hat das Ziel, das Objekt festzuhalten und sich wahrgenommene Einzelheiten einzuprägen (z. B. die Betrachtung eines Bildes). Bei der dynamischen Konzentration wird das Objekt mit der eigenen Vorstellungskraft ›angereichert‹. Beispiel hierfür: die intensive gedankliche Beschäftigung mit einer Fragestellung.

Die bewußte, aktive Konzentration ist leistungsbetont, zielorientiert und will etwas bewirken. Ich habe es schon gesagt: Konzentration ist die Voraussetzung für eine allgemeine Lebenstüchtigkeit, für effektives Arbeiten, für Leistung, auf welchem Gebiet auch immer. Sie ist unerläßlich für die erfolgreiche Anwendung des Mentaltrainings.

Viele Menschen haben Schwierigkeiten, sich zu konzentrieren, sich längere Zeit mit einem Objekt oder Gedanken zu beschäftigen. Sie werden leicht abgelenkt, nicht nur durch äußere Einflüsse, sondern vor allem durch Assoziationen. Das heißt, die Beschäftigung mit einer Sache ruft die Vorstellung von einer anderen hervor, diese wiederum läßt an eine dritte denken – und so fort. Auch starke Gefühle, insbesondere belastende seelische Probleme, können die Konzentrationsfähigkeit herabsetzen, wie jeder weiß, der zum Beispiel einmal Liebeskummer hatte.

Falls Sie sich gut konzentrieren können, freuen Sie sich. Falls Sie oft Schwierigkeiten damit haben, trösten Sie sich: Die Konzentrationsfähigkeit kann man durch Training steigern, so wie man einen abgeschlafften Körper trainieren kann.

Übung 1 Versuchen Sie, sich zu entspannen, und wählen Sie einen markanten Punkt an der Wand oder zeichnen Sie einen Punkt auf ein Blatt Papier. Richten Sie nun Ihre gesamte Aufmerksamkeit auf diesen einen Punkt. Die Betrachtung dieses Punktes, ohne Abschweifen der Augen und Gedanken, sollte nicht länger als ein paar Minuten dauern. Das Ziel ist erreicht, sobald Sie nur noch den fixierten Punkt wahrnehmen und alle Ihre Gedanken einzig und allein bei diesem Punkt verharren.

Übung 2 Setzen Sie sich ein einfaches, klares Ziel, das Sie erreichen möchten, und schreiben Sie es in einer kurzen, positiven Formel auf verschiedene kleine Karteikarten. Bringen Sie diese Kärtchen überall dort an, wo Ihr Blick häufiger hinfällt. Also zum Beispiel an den Terminkalender, im Bad, auf dem Nachttisch, im Portemonnaie usw. Wann immer Sie eine der Karten betrachten, sprechen Sie die Konzentrationsformel leise vor sich hin. Durch diese Übung wird die Konzentration auf Ihr Ziel intensiviert und nachhaltig gesteigert.

Übrigens geht diese einfache, effektive Methode der Konzentrationskarten auf den großen Philosophen Immanuel Kant zurück – und er scheint damit Erfolg gehabt zu haben.

Es gibt noch eine Reihe von Möglichkeiten, Ihre Konzentration im Alltagsleben zu schulen. Zum Beispiel:

- Gehen Sie in Gedanken einen bekannten Weg entlang, z. B. den von Ihrer Wohnung zum Lebensmittelgeschäft – und wieder zurück. Stellen Sie sich jedes Detail dieses Weges genau vor (an welchen Häusern kommen Sie vorbei, wo überqueren Sie die Straße usw.).
- Lesen Sie bewußt langsam und sehr aufmerksam ein gutes Buch.
- Betrachten Sie eine schöne Landschaft mit allen ihren Einzelheiten.
- Führen Sie eine einfache Arbeit, die Ihnen längst zur Routine geworden ist, mit großer Aufmerksamkeit durch (rasieren, Geschirr spülen, frühstücken usw.).
- Nehmen Sie irgendeinen alltäglichen Gegenstand in die Hand, z. B. eine Flasche oder Uhr. Betrachten Sie diesen Gegenstand ganz genau, bis er Ihnen vollkommen vertraut ist.
  Schließen Sie nun die Augen und stellen Sie sich vor, diesen Gegenstand weiterhin zu betrachten. Versuchen Sie, ihn sich so klar und deutlich wie möglich vorzustellen. Öffnen Sie nun wieder die Augen und untersuchen Sie den wirklichen Gegenstand. Hatten Sie jede Einzelheit an Form und Farbe tatsächlich in Ihrem Gedächtnis ›gespeichert‹?
- Konzentrieren Sie sich auf ein einziges Geräusch in Ihrer Umgebung, gleichgültig welches (z. B. Straßenlärm, das Blubbern der Heizung, das Zwitschern der Vögel usw.). Lassen Sie alle anderen Geräusche in Ihrer Umgebung außer acht, konzentrieren Sie sich ausschließlich auf das eine, von Ihnen gewählte.
- Konzentrieren Sie sich auf alle Berührungsreize, denen Ihre Haut gerade ausgesetzt ist (Kleidung, Sitzgelegenheit, Dinge, die Sie gerade anfassen, oder von denen Sie berührt werden).
- Sagen Sie das Alphabet von hinten her auf.

- Nehmen Sie sich eine beliebige Seite aus diesem Buch vor und suchen Sie beispielsweise alle ›w‹ oder ›p‹ heraus – wie viele gibt es auf dieser Seite?
- Nehmen Sie das Telefonbuch Ihrer Stadt und zählen Sie, wie viele Eintragungen es unter ›Müller‹ und ›Schmidt‹ gibt.
- Konzentrieren Sie sich voll und ganz auf einen schönen, kühlen Drink, den Sie nach all diesen Konzentrationsübungen nehmen...

Ich möchte Sie nun noch mit einer Übung bekannt machen, mit der Sie Ihre Konzentrationsfähigkeit schulen und zugleich Ihr Unterbewußtsein nach seiner ›Meinung‹ befragen können: das Pendeln. Verwechseln Sie aber bitte nicht pendeln mit wahrsagen! Das Pendel sagt nicht objektiv wahr, es gibt, wie gesagt, Inhalte aus Ihrem eigenen Unterbewußtsein preis.

Übung 3 Nehmen Sie einen etwa dreißig Zentimeter langen Bindfaden und befestigen Sie an dessen Ende z. B. einen Ring. Zeichnen Sie nun auf ein Blatt Papier einen Kreis, durch den zwei Mittellinien senkrecht zueinander verlaufen. Nun legen Sie die Bedeutung einer Pendelbewegung fest, z. B. eine waagerechte Pendelbewegung, der Ring schwingt also von links nach rechts und wieder zurück, bedeutet ›Ja‹. Eine senkrechte Pendelbewegung, d. h. der Ring schwingt nach oben und unten, bedeutet: ›Nein‹. Nach diesen Vorbereitungen überlegen Sie sich, welche Fragen Sie Ihrem Unterbewußtsein stellen möchten. Hierbei sind Ihre Möglichkeiten nahezu unbegrenzt. So können Sie etwa fragen: »Soll ich mich für die angebotene Stelle bewerben oder nicht?« »Soll ich die Probleme, die ich mit meinem Partner habe, selbst ansprechen oder sollte ich warten, bis mein Partner auf mich zukommt?« Wichtig ist hierbei, daß die

Fragen kurz, klar und präzise gestellt sind und nur die Antworten ›Ja‹ oder ›Nein‹ möglich sind. Sie sollten also bei den oben genannten Beispielen nur an eine Kategorie denken, also z. B.: »Soll ich mich um die Stelle bewerben?«

Notieren Sie hier einige Fragen an Ihr Unterbewußtsein und vermerken Sie die Antworten:

Frage:	ja	nein

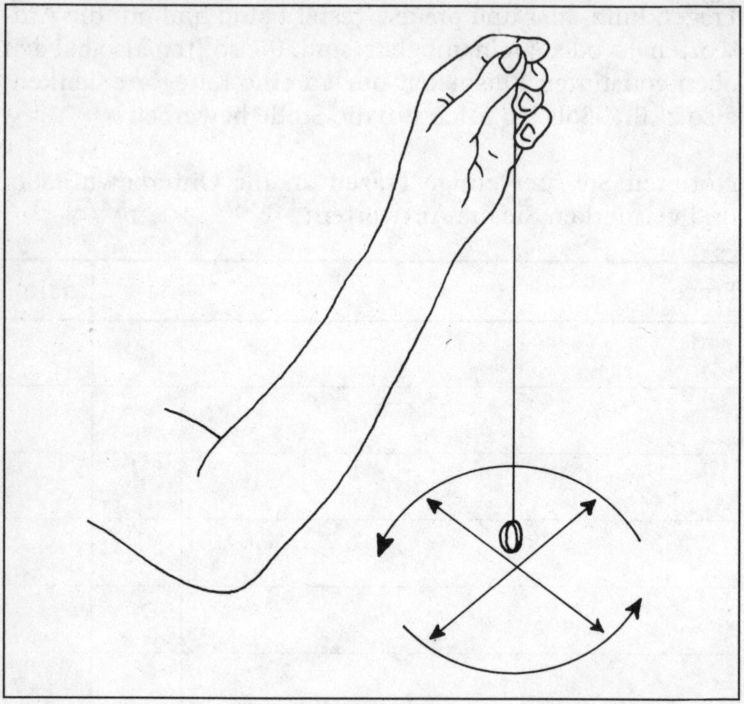

Nachdem alle Vorbereitungen abgeschlossen sind, nehmen Sie den Faden mit dem Ring in die Hand, zwischen Daumen und Mittelfinger, wobei Sie den Faden so halten, daß er sich genau über dem Papier in der Mitte des aufgezeichneten Kreises befindet. Der Ring schwebt in der Luft, er darf das Papier nicht berühren. Nun konzentrieren Sie sich und wiederholen im Geiste immer wieder Ihre Frage. In der Regel wird es nicht länger als eine Minute dauern, bis das Pendel zu schwingen beginnt. Warten Sie geduldig, ohne Ihre Hand zu bewegen, bis sich das Pendel in eine Richtung (also z. B. waagerecht) eingeschwungen hat. Je nachdem, wie Sie die Bedeutung der Pendelbewegung festgelegt haben, gibt Ihnen Ihr Unterbewußtsein nun die Antwort auf Ihre Frage. Auf unser Beispiel übertragen, würde eine waagerechte Pendelbewegung ›Ja‹ bedeuten, also: Ja, Sie sollen sich für die angebotene Stellung bewerben. Sollte sich das Pendel nicht in eine Richtung einschwingen, so müssen Sie versuchen, Ihre Frage nochmals klarer und einfacher zu formulieren, und den Pendelversuch erneut wiederholen. In seltenen Fällen bewegt sich das Pendel überhaupt nicht. Dies liegt dann meistens an mangelnder Konzentration und Ungeduld. Versuchen Sie beim nächsten Mal, Ihre Gedanken einzig und allein auf die gestellte Frage zu konzentrieren, und Ihr Unterbewußtsein wird Ihnen antworten.

2. Kapitel

Ein Wegweiser durch die Techniken

Ich habe Sie in diesem Buch mit einer ganzen Reihe von Techniken und einer Fülle von Übungen bekannt gemacht. Das Mentaltraining ist ein ganzheitliches, offenes System. Das bedeutet:

- Fixieren Sie sich nicht auf eine oder zwei Ihrer Lieblingstechniken und lassen die anderen ein für allemal außer acht. Oft hat man gerade das besonders nötig, was eher etwas schwer fällt.
- Andererseits gibt es keinen vorgeschriebenen Weg, wie Mentaltraining zu praktizieren ist. Beginnen Sie ruhig mit den Techniken, die Ihnen am besten gefallen, und fügen Sie nach und nach die anderen hinzu. Eine Entspannungstechnik (Entspannung, Atmung, Farbtherapie) und positives Denken sollten aber auf jeden Fall dabei sein.

Falls Sie jetzt noch immer unschlüssig sind, von welcher Seite Sie das Pferd aufzäumen sollen, möchte ich Ihnen nun im folgenden sechs beispielhafte Wege zeigen. Beispielhaft jedoch im Sinn von ›zum Beispiel‹, nicht als ideale Modellfälle.

Verstehen Sie diese Wege bitte als Vorschläge, als Anregungen, und folgen Sie ihnen, wenn es Ihnen hilft.

Beispiel 1

Atmen Schlagen Sie das Kapitel ›Technik Nr. 3: Atmen‹ auf. Suchen Sie sich drei der hier beschriebenen Übungen aus, z. B. Übung 3, Übung 4 und Übung 9. Beginnen Sie zumindest eine der Übungen täglich zu machen, die anderen beiden alle paar Tage oder einmal in der Woche.

Entspannung Schlagen Sie das Kapitel ›Technik Nr. 3: Entspannung‹ auf. Eignen Sie sich die Übung 1 an, das ist die Grundstufe des Autogenen Trainings. Arbeiten Sie mit dieser Übung so lange, bis sie Ihnen in Fleisch und Blut übergegangen ist.

Positives Denken Schlagen Sie das Kapitel ›Technik Nr. 1: Positives Denken‹ auf. Machen Sie an einem ruhigen Wochenende die Übungen 1, 2, 3 und 4. Beschäftigen Sie sich mit der Übung 5 und nehmen Sie sie in Ihr Leben auf.

Autosuggestion Schlagen Sie das Kapitel ›Technik Nr. 5: Hypnose und Autosuggestion‹ auf. Machen Sie an einem ruhigen Tag einmal Übung 1. Nehmen Sie Übung 2 in Ihr alltägliches Leben auf.

Tip: Verbinden Sie bei Ihrem täglichen Training die Atemübung, das Autogene Training und die Übung 2 der Autosuggestion miteinander.

Beispiel 2

Positives Denken Beschäftigen Sie sich intensiv mit dem Kapitel ›Technik Nr. 1: Positives Denken‹. Machen Sie sich vollkommen mit den darin gemachten Aussagen vertraut. Nehmen Sie Übung 5 in Ihr Leben auf.

Atmen Suchen Sie sich aus dem Kapitel ›Technik Nr. 3: Atmen‹ eine Übung aus, die Sie täglich machen (z. B. Übung 4), und zwei, drei weitere, die Sie öfters machen wollen.

Entspannung Eignen Sie sich im Kapitel ›Technik Nr. 2: Entspannung‹ die Grundstufe des Autogenen Trainings (Übung 1) oder die Progressive Muskelrelaxation an (Übung 3). Gehen Sie nach einigen Wochen evtl. zur Oberstufe des Autogenen Trainings über (Übung 2) bzw. zur Muskelentspannung im Alltag (Übung 4).

Meditation Lesen Sie das Kapitel ›Technik Nr. 4: Meditation‹ noch einmal durch. Machen Sie Übung 1. Beschäftigen Sie sich mit Übung 5. Überlegen Sie, ob Sie in einem entsprechenden Zentrum Yoga oder Transzendentale Meditation erlernen wollen.

Tip: Verbinden Sie die tägliche Atemübung, die Entspannung und anschließend die Meditation miteinander.

Beispiel 3

Farbtherapie Beschäftigen Sie sich im Kapitel ›Technik Nr. 8: Farbtherapie‹ mit der Bedeutung der Farben. Machen Sie Übung 1.

Positives Denken Prägen Sie sich im Kapitel ›Technik Nr. 1: Positives Denken‹ die grundlegenden Aussagen ein. Machen Sie alle Übungen dieses Kapitels.

Autosuggestion Schlagen Sie das Kapitel ›Technik Nr. 5: Hypnose und Autosuggestion‹ auf. Machen Sie Übung 4.

Wählen Sie dann eine oder mehrere Suggestionen aus meinen Vorschlägen aus, oder erarbeiten Sie sich eigene Suggestionen. Beachten Sie bitte dabei die Regeln 1 – 4.

Imagination Probieren Sie einmal die Übungen 1 und 2 im Kapitel ›Technik Nr. 6: Imagination‹ aus. Beschäftigen Sie sich ausführlich mit Übung 10 und nehmen Sie das Ergebnis in Ihr tägliches Leben auf.

Tip: Verbinden Sie die Farbentspannung und die Autosuggestion miteinander.

Beispiel 4

Atmen Wählen Sie aus dem Kapitel ›Technik Nr. 3: Atmen‹ eine Übung aus, die Sie täglich machen, z. B. Übung 2.

Farbtherapie Schlagen Sie das Kapitel ›Technik Nr. 8: Farbtherapie‹ auf. Machen Sie sich mit der Bedeutung der Farben vertraut und erlernen Sie Übung 1.

Positives Denken Machen Sie sich mit den Aussagen im Kapitel ›Technik Nr. 1: Positives Denken‹ vertraut.

Autosuggestion Lesen Sie das Kapitel ›Technik Nr. 5: Hypnose und Autosuggestion‹ gründlich durch. Machen Sie Übung 1. Erarbeiten Sie Ihre persönlichen Suggestionen in der dort beschriebenen Weise.

Imagination Beschäftigen Sie sich im Kapitel ›Technik Nr. 6: Imagination‹ ausführlich mit Übung 10 und nehmen Sie das Ergebnis in Ihr tägliches Leben auf.

Der gelenkte Wachtraum Beschäftigen Sie sich mit dem Kapitel ›Technik Nr. 7: Der gelenkte Wachtraum‹. Probieren Sie Übung 1 und 2 aus.

Tip: Verbinden Sie Atmen, Farbentspannung, Autosuggestion und Imagination miteinander.

Beispiel 5

Positives Denken Machen Sie sich mit den Aussagen im Kapitel ›Technik Nr. 1: Positives Denken‹ vertraut.

Atmen Wählen Sie aus dem Kapitel ›Technik Nr. 3: Atmen‹ eine Atemübung aus, die Sie täglich machen, z. B. Übung 3.

Entspannung Schlagen Sie das Kapitel ›Technik Nr. 2: Entspannung‹ auf. Erlernen Sie entweder die Grundstufe des Autogenen Trainings (Übung 1) oder die Progressive Muskelrelaxation (Übung 3).

Meditation Lesen Sie das Kapitel ›Technik Nr. 4: Meditation‹ durch. Machen Sie Übung 1 und Übung 5. Probieren Sie Übung 4 aus. Denken Sie darüber nach, ob Sie eine der Meditationstechniken in einem Zentrum erlernen wollen.

Autosuggestion Erarbeiten Sie sich nach den Regeln im Kapitel ›Technik Nr. 5: Hypnose und Autosuggestion‹ Ihre persönlichen Suggestionen.

Imagination Beschäftigen Sie sich im Kapitel ›Technik Nr. 6: Imagination‹ ausführlich mit Übung 10 und nehmen Sie das Ergebnis in Ihr tägliches Leben auf.

Tip: Verbinden Sie Atmen, Entspannung und Meditation oder Atmen, Entspannung, Autosuggestion und Imagination miteinander.

Beispiel 6

Machen Sie Übung 2 im Kapitel ›Technik Nr. 8: Farbtherapie‹ bzw. bestellen Sie sich die entsprechende Audiokassette. Hier werden mehrere Mentaltechniken miteinander verbunden.

Ich habe Ihnen nun einige mögliche Wege gezeigt, wie Sie an das Mentaltraining herangehen können.

Wenn Sie nun genügend geblättert und überlegt, Ihre Wahl unter den Übungen getroffen haben, schreiben Sie jetzt bitte hier Ihr tägliches Programm auf:

3. Kapitel

Ihre persönliche Erfolgskontrolle

Sie haben nun erst einmal dieses Buch ganz durchgelesen. Danach haben Sie begonnen, das Mentaltraining Schritt für Schritt zu praktizieren. Entweder indem Sie sich Ihre Übungen selbst zusammengestellt haben oder indem Sie einem meiner Vorschläge folgten, die ich Ihnen im vorhergehenden Kapitel gemacht habe. Wenn Sie nun wochen- oder gar monatelang an sich gearbeitet haben, möchten Sie natürlich auch wissen, welchen Erfolg Sie denn nun gehabt haben. Natürlich lebt jeder Mensch in einer individuellen Lebenssituation, hat seine eigenen Probleme und Wünsche. Der eine möchte das Mentaltraining vor allem dazu nutzen, seinen gesundheitlichen Zustand zu verbessern, der andere sieht in ihm eine Möglichkeit, schnell und effektiv auf eine berufliche Karriere hinzuarbeiten, und der dritte möchte ganz allgemein etwas für seine persönliche Weiterentwicklung tun. Wenn ich Ihnen im folgenden eine ›Erfolgskontrolle‹ an die Hand gebe, so ist das nicht ›die‹ einzige und wahre Methode, Ihre Erfolge zu messen. Ich biete Ihnen vielmehr mehrere, durchaus spielerische Wege an, Ihre Erfolge sichtbar, anschaulich zu machen und hoffe, Sie so zum Weitermachen animieren zu können. Ich sagte es ja schon: Mentaltraining ist ein lebenslanger Prozeß. Es gibt keine Stufe, keine Markierung, die aussagt: Wenn du hier bist, ist es genug. Gerade deshalb hat jeder hin und wieder das Bedürfnis, ganz klar vor sich zu sehen, was er schon erreicht hat. Erfolg kann sich auf ganz unterschiedliche Weise einstellen. Erfolg ist:

- ein plötzlicher Glücksfall
- ein scheinbarer ›Zufall‹
- eine stetige, langsame Entwicklung in eine positive Richtung
- ein außen sichtbares Ergebnis
- ein innerlich empfundener Fortschritt
- die Lösung eines Problems, Konflikts
- die Schaffung einer neuen, befriedigenderen Situation
- und Erfolg ist vor allem das, was Sie persönlich für Ihren Erfolg halten!

Dieser letzte Punkt scheint selbstverständlich zu sein, doch wie oft meinen wir, wir würden das tun, was wir wollen, und passen uns in Wirklichkeit doch nur den Forderungen und Meinungen unserer Umwelt an. Psychologen unterscheiden zwischen ›außengesteuerten‹ und ›innengeleiteten‹ Persönlichkeiten. Außengesteuerte Persönlichkeiten fühlen sich am wohlsten in der Menge, sie brauchen immer jemanden, der ihnen sagt, ›wo's langgeht‹. Sie können nur schwer eigene Entscheidungen treffen, sie scheuen die Verantwortung, sie ordnen sich gern unter, sie tun das, was man von ihnen verlangt, sie funktionieren am liebsten reibungslos, sie denken das, was die Mehrheit denkt. Das klingt sehr negativ, und niemand wird so leicht zugeben, daß er in diesem Sinn außengesteuert ist. Tatsächlich jedoch gehören die meisten Menschen zu diesem Typus – bis zu dem Tag, an dem sie sich entschließen, sich selbst zu vertrauen, ihrer inneren Stimme zu folgen, sich verantwortlich für ihr eigenes Leben zu fühlen.

Ein wesentliches Ziel des Mentaltrainings ist es, innengeleitet zu werden, also herauszufinden, was die eigenen wahren Bedürfnisse und Ziele sind. Erst dann können Sie überhaupt Ihre wahren Erfolge erkennen! Und wer erst einmal auf die sonnige Seite der Straße hinübergewechselt ist, wird auch weiterhin in der Sonne gehen.

Nichts ist erfolgreicher als der Erfolg

Um Ihnen ein paar Orientierungshilfen zu geben, ob Sie auf dem richtigen Weg sind, habe ich eine Reihe von Fragen ausgearbeitet. Bitte beantworten Sie diese Fragen ehrlich. Wenn Sie ›schummeln‹, betrügen Sie sich ja nur selbst und haben nichts damit gewonnen.

1. Haben Familienmitglieder und / oder Freunde in letzter Zeit zu Ihnen gesagt: »Hast du dich aber verändert!« Notieren Sie, wer was gesagt hat, auch, ob ihn Ihre Veränderung gestört hat.

   ____

   ____

   ____

2. Haben Sie den Eindruck, daß Sie in letzter Zeit seltener krank oder kränklich sind? Notieren Sie, welche Beschwerden Sie in welchen Abständen hatten.

   ____

   ____

   ____

3. Haben Sie das Gefühl, daß Sie Kritik an Ihrer Person besser als früher vertragen? In welcher Hinsicht?

____

____

____

4. Tun Sie öfters als früher nach einem Streit den ersten Schritt auf den anderen wieder zu? Wenn ja, wann das letzte Mal?

____

____

____

5. Wann war das letzte positive Ereignis in Ihrem Leben? Was war es?

____

____

____

6. Haben Sie das Gefühl, daß Sie Ballast in Ihrem Leben abgeworfen haben? Wenn ja, welchen?

____

____

____

7. Hatten Sie in letzter Zeit ein ›Aha-Erlebnis‹? Wenn ja, welches?

___

___

___

8. Haben Sie mehr denn je bzw. endlich das Gefühl, dem Leben im großen und ganzen gewachsen zu sein? Wenn nein, warum nicht, wenn ja, wie äußert sich das?

___

___

___

9. Zu welchen Menschen haben sich Ihre Beziehungen verbessert? Inwiefern?

___

___

___

10. Welche neuen Menschen haben Sie in den letzten Monaten kennengelernt? Was verbindet Sie miteinander?

___

___

___

11. Schlafen Sie besser als früher? Inwiefern?

____

____

____

12. Haben Sie mehr Freude an körperlicher Bewegung? Was tun Sie?

____

____

____

13. Hat sich Ihr Aussehen verändert (Kleidung, Frisur, Kosmetik)? Was hat sich verbessert?

____

____

____

14. Sind Sie morgens nach dem Aufstehen besserer Laune als früher? Wenn ja, wie äußert sich das?

____

____

____

15. Verwöhnen Sie sich häufiger als früher selbst? Wenn ja, was tun Sie?

16. Haben Sie eine wichtige neue Initiative in Ihrem Leben ergriffen (Umzug, ein neuer Club, Verein, Trennung, Verbindung, Kündigung usw.)? Wenn ja, welche?

17. Haben Sie das Gefühl, Ihren Körper besser zu kennen als früher? Wie äußert sich das?

18. Können Sie sich besser konzentrieren als früher? Was gelingt Ihnen besser?

19. Haben Sie hin und wieder das Gefühl, Dinge vorauszuwissen, bevor sie geschehen sind, auch wenn es nur Kleinigkeiten sind (z. B. das Gefühl, daß gleich jemand anruft, und er tut es dann auch)? Wenn ja, welche Erlebnisse hatten Sie wann?

20. Träumen Sie intensiver und ›anders‹ als früher? Wenn ja, was ist dieses ›andere‹?

21. Hören Sie häufiger als früher auf Ihre innere Stimme, auch gegen die Einwände Ihres Verstandes? Welche Erfahrungen haben Sie damit gemacht?

22. Sind Sie weniger ›nervös‹ als früher? Was hat sich gebessert?

23. Können Sie Ihre Gefühle besser nach außen bringen als früher? Wenn ja, welche?

24. Können Sie sich, wenn Sie die Augen schließen, ohne Mühe ein Pferd, das auf einer Tomate galoppiert, ein Schwein, das Ski fährt, und eine Katze, die ein Buch liest, vorstellen? Schreiben Sie sich hier noch mehr Übungen dieser Art auf und probieren Sie sie aus.

25. Wissen Sie, wie Sie Ihren Mann / Ihre Frau oder Ihre Mutter / Ihren Vater beschreiben würden, falls nach ihnen gefahndet werden müßte? (Um ihnen einen Lotto-Hauptgewinn auszahlen zu können.) Notieren Sie es hier.

____

____

____

26. Hat sich Ihre Vorliebe für bestimmte Farben in letzter Zeit geändert? Wenn ja, in welche Richtung? (Lesen Sie dazu im Kapitel ›Farbtherapie‹ nach.)

____

____

____

27. Haben Sie wesentliche Einstellungen und Überzeugungen, die Sie dem Leben gegenüber hatten, geändert? Wenn ja, welche?

____

____

____

____

28. Haben sich Ihre Eßgewohnheiten verändert? Wenn ja, inwiefern?

29. Schlucken Sie weniger Tabletten als früher? Haben Sie mit dem Rauchen aufgehört? Wie verlief diese Entwicklung?

30. Würden Sie heute sagen: »Mir geht es gut. Alles in allem bin ich ein glücklicher Mensch.« Schreiben Sie das hier in Ihren eigenen Worten nieder.

Ausgefüllt am: ____________________

Dieser Fragenkatalog ist kein Test, der Sie mit soundso viel Punkten bzw. Ja- oder Nein-Antworten zum Sieger oder Verlierer stempelt. Er dient dazu, daß Sie vielleicht bisher Verworrenes in sich klären, Vages deutlich machen – und prüfen, ob die Richtung insgesamt stimmt. Vergessen Sie bitte nicht, Mentaltraining ist kein Knopf, den man drückt und – hoppla – das gewünschte Ergebnis ist da. Jeder Mensch hat seinen eigenen Rhythmus, in dem er sich weiterentwickelt. Manchem geht etwas ganz leicht von der Hand, dem sich ein anderer erst langsam annähern muß, während dieser dann wieder ganz andere Hürden zu nehmen hat. Jeder Weg führt ans Ziel, und manchmal sind Umwege gerade lohnend!

Ich möchte Sie jetzt mit einer zweiten Methode der Erfolgskontrolle bekannt machen. Wir nehmen dafür drei Bildsymbole:

□ steht für körperliche Entwicklung
○ steht für seelische Entwicklung
△ steht für geistige Entwicklung

Bitte tragen Sie nun drei Monate lang in das folgende Kalendarium, möglichst am Abend jeden Tages, das Symbol ein, das Ihnen einen Fortschritt an diesem Tag gebracht, ein positives Erlebnis beschert hat.

Also z. B. das Symbol für seelische Entwicklung ○

- wenn Sie ein liebevolles, freundschaftliches Gespräch mit jemandem hatten
- wenn Sie sich verliebt haben
- wenn Sie Spaß an Ihrem Hobby hatten
- wenn Ihnen jemand ein Geschenk gemacht hat
- wenn Sie selbst jemandem eine Freude gemacht haben

Oder das Symbol für körperliche Entwicklung □

- wenn Sie Sport getrieben haben
- wenn Sie sich mit Genuß gepflegt haben
- wenn Sie Spaß an Sex hatten

Oder das Symbol für geistige Entwicklung △

- wenn Sie ein interessantes Buch gelesen haben
- wenn Sie etwas dazugelernt haben
- wenn Ihnen eine kulturelle Veranstaltung (Kino, Konzert, Theater usw.) etwas gegeben hat
- wenn Ihnen jemand etwas Nachdenkenswertes gesagt hat
- wenn Sie eine gute Idee für Ihre berufliche Tätigkeit hatten

Selbstverständlich können Sie mehr als ein Symbol am Tag vergeben, auch für dasselbe Ereignis (z. B. das seelische und das körperliche für Sex). Unterscheiden Sie auch nicht, ob ein Ereignis von außen auf Sie zukam, oder ob es Impulse, Gedanken und Handlungen waren, die in Ihnen entstanden sind. Denn Sie wissen ja:

Wie innen so außen!

Sie selbst haben bewirkt, was von außen auf Sie zukommt. Hier nun Ihr Kalendarium:

1. Monat

Tag	Symbol □ ○ △	evtl. Stichwort
1.		
2.		
3.		
4.		
5.		
6.		
7.		
8.		
9.		
10.		
11.		
12.		
13.		
14.		

15. ___

16. ___

17. ___

18. ___

19. ___

20. ___

21. ___

22. ___

23. ___

24. ___

25. ___

26. ___

27. ___

28. ___

29. ___

30. ___

31. ___

2. Monat

Tag	Symbol □ ○ △	evtl. Stichwort
1.		
2.		
3.		
4.		
5.		
6.		
7.		
8.		
9.		
10.		
11.		
12.		
13.		
14.		

15.

16.

17.

18.

19.

20.

21.

22.

23.

24.

25.

26.

27.

28.

29.

30.

31.

3. Monat

Tag	Symbol □ ○ △	evtl. Stichwort
1.		
2.		
3.		
4.		
5.		
6.		
7.		
8.		
9.		
10.		
11.		
12.		
13.		
14.		

15.

16.

17.

18.

19.

20.

21.

22.

23.

24.

25.

26.

27.

28.

29.

30.

31.

Wenn Sie nun Ihr Kalendarium drei Monate lang geführt haben, zählen Sie bitte die Symbole zusammen:

... mal das Symbol □ für körperliche Entwicklung

... mal das Symbol ○ für seelische Entwicklung

... mal das Symbol △ für geistige Entwicklung

Nun prüfen Sie bitte:

1. Wie viele Tage habe ich überhaupt mit einem Symbol belegt?
2. Welche Symbolart ist die häufigste, die zweithäufigste, die seltenste?

Zu 1.:

- Wenn Sie 70 bis 90 Tage belegt haben, können Sie glücklich sein.
- Wenn Sie 40 bis 70 Tage belegt haben, können Sie sehr zufrieden sein.
- Wenn Sie 30 bis 40 Tage belegt haben, können Sie zufrieden sein.
- Wenn Sie weniger als 30 Tage belegt haben, können Sie sich auf die schöne Arbeit freuen, die noch vor Ihnen liegt.

Zu 2.:

Gratulieren Sie sich zu den Fortschritten, die Sie auf den Gebieten gemacht haben, die Sie am häufigsten und zweithäufigsten markiert haben. Sie sind auf dem richtigen Weg! Wenden Sie sich dann dem Gebiet zu, das Sie am seltensten markiert haben.

Falls es das Körperliche ist, beschäftigen Sie sich noch einmal intensiver mit folgenden Mentaltechniken: *Entspannung, Atmen, Farbtherapie*.

Falls es das Seelische ist, beschäftigen Sie sich noch einmal intensiver mit: *Hypnose und Autosuggestion, Imagination, dem gelenkten Wachtraum, positivem Denken*.

Falls es das Geistige ist, beschäftigen Sie sich noch einmal intensiver mit: *Meditation, positivem Denken, Hypnose und Autosuggestion*.

Lesen Sie sich die entsprechenden Kapitel zum wiederholten Male durch – vor allem aber: Nehmen Sie die eine oder andere darin beschriebene Übung in Ihr tägliches Trainingsprogramm auf.

Das Haus des Erfolgs

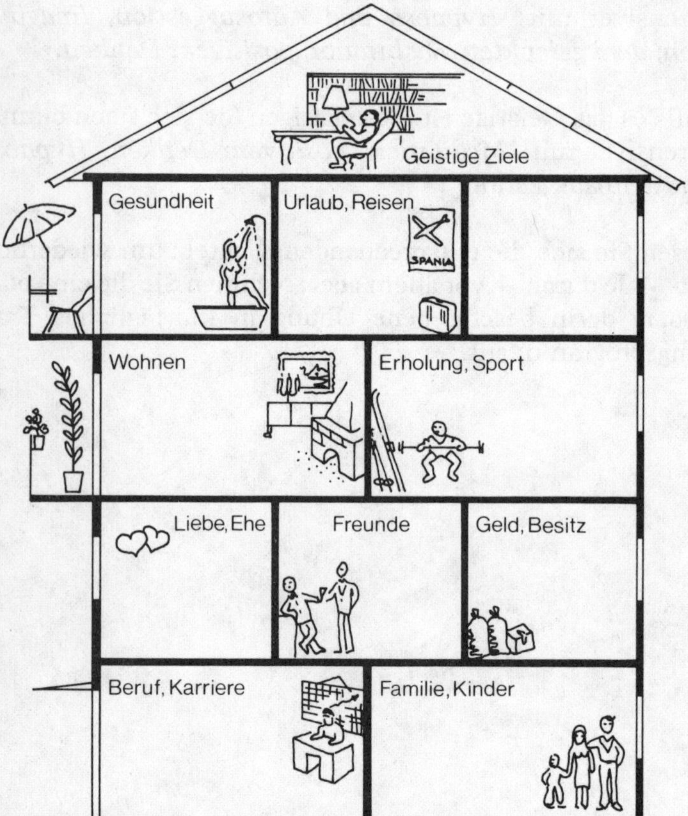

Und hier nun eine dritte Möglichkeit, Ihre Erfolge zu überprüfen und konkret darzustellen.

Bitte sehen Sie sich das auf der linken Seite abgebildete ›Haus des Erfolgs‹ genau an. Es stellt bildlich die verschiedenen Lebensbereiche dar, die im Leben aller Menschen eine Rolle spielen.

Also:

- Beruf, Karriere
- Familie, Kinder
- Liebe, Ehe
- Freunde
- Geld, Besitz
- Wohnen
- Erholung, Sport
- Gesundheit
- Urlaub, Reisen
- Geistige Ziele

Für den Fall, daß für Ihr Leben ein Bereich wichtig ist, der nicht zu den allgemeinen Interessen und Bedürfnissen gehört, habe ich ein leeres Zimmer für Sie ganz persönlich in diesem Haus reserviert. Tragen Sie selbst das Stichwort dafür ein.

Stellen Sie sich also vor, daß dies Ihr Haus ist. Sie bewohnen es mit Ihren Wünschen, Hoffnungen, Träumen, Zielen.

Nehmen Sie nun einen Farbstift in Ihrer Lieblingsfarbe und markieren Sie mit einem dicken Kreuz (oder schraffieren Sie) den Raum, der Ihnen seit Beginn des Mentaltrainings Positives gebracht hat.

Tragen Sie dann in die untenstehende Tabelle die gute Entwicklung, das schöne Ereignis ein:

Beruf, Karriere

Was?

Liebe, Ehe

Was?

Freunde

Was?

Geld, Besitz

Was?

Wohnen

Was?

Erholung, Sport

Was?

Was?

Urlaub, Reisen

Was?

Geistige Ziele

Was?

________________________: (bitte selber eintragen)

Was?

Wenn Sie nun Ihr ›Haus des Erfolgs‹ wochen- und monatelang immer wieder betrachtet, markiert und Ihre Eintragungen gemacht haben, wird sich mit der Zeit eine der drei folgenden Situationen ergeben:

- Sie haben alle Zimmer markieren können – Bravo!
- Sie haben einige Zimmer markiert, mit den Inhalten der anderen sind Sie aber schon vor Beginn des Mentaltrainings vollauf zufrieden gewesen – sehr gut!
- Sie haben einige Zimmer markiert, andere nicht, weil Sie auf diesen Gebieten noch nicht am Ziel Ihrer Wünsche sind – macht nichts!

In diesem letzten Fall – Sie sind noch nicht am Ziel aller Ihrer Wünsche – haben Sie zwei Möglichkeiten:

1. Sie lehnen sich zufrieden zurück, genießen Ihre Erfolge und sagen sich: Es muß ja nicht alles sein.
2. Sie freuen sich über Ihre Erfolge, aber die noch nicht erreichten Ziele sind Ihnen so wichtig, daß Sie noch etwas zu ihrer Verwirklichung tun möchten.

In diesem letzten Fall wiederum sehen Sie sich Ihr ›Haus des Erfolgs‹ noch einmal an und notieren Sie untenstehend die Zimmer, die noch ›leer‹ sind, die Gebiete also, auf denen sich der ersehnte Erfolg noch nicht eingestellt hat.

Zimmer ______________________________

Beschäftigen Sie sich dann mit folgenden Mentaltechniken und den entsprechenden Übungen noch einmal genauer:

Positives Denken	für alle Zimmer
Entspannung	für Gesundheit, Erholung / Sport, Liebe / Ehe, Beruf / Karriere
Atmen	für Gesundheit, Geistige Ziele, Erholung / Sport
Meditation	Geistige Ziele, Liebe / Ehe, Beruf / Karriere, Familie / Kinder
Autosuggestion	für alle Zimmer
Imagination	Urlaub / Reisen, Wohnen, Geld / Besitz, Beruf / Karriere
Wachtraum	Geistige Ziele, Liebe / Ehe, Freunde, Familie / Kinder, Beruf / Karriere
Farbtherapie	Gesundheit, Erholung / Sport

Wohlgemerkt: Diese Empfehlungen setzen nur Akzente. Grundsätzlich ist, wie ich schon sagte, das Mentaltraining ein ganzheitliches System, das heißt, Sie sollten anstreben, alle Techniken für alle Bereiche anzuwenden.

Es bleibt mir nun nur noch, Ihnen viel Erfolg bei Ihrer Arbeit zu wünschen. Mit einem Wort von Theodor Fontane möchte ich mich von Ihnen verabschieden:

Courage ist gut, Ausdauer ist besser

Literaturverzeichnis

Aurobindo, Sri, *Alles Leben ist Yoga*, München 1975

Braem, Harald, *Die Macht der Farben*, München 1985

Buscaglia, Leo, *Leben, lieben, lernen*, München 1984

Carrington, Patricia, *Das große Buch der Meditation*, München 1982

Castaneda, Carlos, *Die Lehren des Don Juan*, Frankfurt 1972

Coué, Emile, *Die Selbstbemeisterung durch bewußte Autosuggestion*, Basel 1966

LeCron, Leslie M., *Fremdhypnose – Selbsthypnose*, Genf 1973

Cziervitzki, Manfred, *Positives Denken gezielt einsetzen und sein Leben verändern*, Landsberg 1987

Desoille, Robert, *Introduction a une psychotherapie rationelle*, Paris 1945

Desoille, Robert, *Theorie et practique du reve eveille dirige*, Genf 1961

Dethlefsen, Thorwald, *Schicksal als Chance*, München, 1979

Dethlefsen, T., Dahlke, R., *Krankheit als Weg*, München 1983

Dogs, Wilfried, *Ärztliche Hypnose*, Hamburg 1983

Dogs, Wilfried, *Konzentrative Entspannungstherapie*, Düsseldorf 1985

Fedrigotti, Toni, *Selbsthypnose*, Augsburg 1984

Franke, Alexa, *Psychosomatische Störungen: Theorien und Versorgung*, Stuttgart 1981

Freitag, Erhard F., Zacharias, Carna, *Die Macht Ihrer Gedanken*, München 1986

Freitag, Erhard F., Zacharias, Carna, *Erkenne deine geistige Kraft*, München 1987

Freitag, Erhard F., *Hilfe aus dem Unbewußten*, München 1987

Freitag, Erhard F., *Kraftzentrale Unterbewußtsein*, München 1983

Freud, Sigmund, *Abriß der Psychoanalyse*, Frankfurt 1956

Frieling, Heinrich, *Farbe im Raum*, München 1979

Frieling, Heinrich, *Lebendige Farbe*, Göttingen 1974

Frieling, Heinrich, *Mensch und Farbe*, Göttingen 1981

Gawain, Shakti, *Stell dir vor*, Berlin 1984

Gibran, Khalil, *Der Prophet*, Freiburg 1985
Groß, Rudolf, *Warum die Liebe rot ist*, Düsseldorf o. J.
Hehlmann, Wilhelm, *Wörterbuch der Psychologie*, Stuttgart o. J.
Hill, Napoleon, *Wunder, die Sie selbst vollbringen*, Genf 1987
Itten, Johannes, *Kunst der Farbe*, Ravensburg 1974
Kast, Verena, *Imagination als Raum der Freiheit*, Freiburg 1988
Kleinsorge, Hellmuth, *Selbstentspannung, Trainingsheft für das Autogene Training*, Fischer Taschenbücher 1983
Kreitler & Kreitler, *Psychologie der Kunst*, Stuttgart 1980
Kretschmer, Ernst, *Der sensitive Beziehungswahn*, 1918
Kretschmer, Ernst, *Geniale Menschen*, Berlin 1958
Lazarus, Arnold, *Innenbilder. Imagination in der Therapie und als Selbsthilfe*, München 1980
Leuner, Hanscarl, *Katathymes Bilderleben*, Stuttgart 1982
Leuner, Hanscarl, *Die experimentelle Psychose*, Berlin 1962
Linden, M. & Hautzinger, M. *Psychotherapie Manual*, Berlin 1981
Lüscher, Max, *Der 4-Farben-Mensch*, München 1977
Lüscher, Max, *Der Lüscher-Test*, Rowohlt Verlag, Reinbek
Murphy, Joseph, *Das große Buch von Dr. Joseph Murphy*, München o. J.
Murphy, Joseph, *Das Superbewußtsein*, München 1980
Murphy, Joseph, *Die Gesetze des Denkens und Glaubens*, Genf 1979
Murphy, Joseph, *Die Macht Ihres Unterbewußtseins*, Genf 1980
Murphy, Joseph, *Die unendliche Quelle Ihrer Kraft*, Genf 1981
Murphy, Joseph, *Mehr Glück und Erfolg durch die richtige Anwendung der geistigen Gesetze*, München 1981
Marcuse, Ludwig, *Philosophie des Glücks*, Zürich 1972
Peale, Norman Vincent, *Trotzdem positiv*, Graz o. J.
Peale, Norman Vincent, *Das Abenteuer des Lebens*, Graz 1987
Pirsig, Robert M., *Zen und die Kunst, ein Motorrad zu warten*, Frankfurt 1984
Ponder, Catherine, *Die Heilungsgeheimnisse der Jahrhunderte*, München 1982
Ponder, Catherine, *Die dynamischen Gesetze des Reichtums*, München 1981
Ponder, Catherine, *Das Wohlstandsgeheimnis aller Zeiten*, München 1982
Rauch, Erich, *Anleitungsheft für Autosuggestion*, Heidelberg 1985
Revenstorf, Dirk, *Psychotherapeutische Verfahren – humanistische Therapien*, Stuttgart 1982
Riemkasten, Felix, *Das Atem-Buch*, Augsburg o. J.

Roberts, Jane, *Gespräche mit Seth*, Genf 1979
Schmidt, K.O., *Wie konzentriere ich mich? Konzentration leichtgemacht*, München 1983
Schultz, Johannes, Das Autogene Training, Stuttgart 1982
Seifert, Theodor & Waiblinger, Angela, *Therapie und Selbsterfahrung*, Stuttgart o. J.
Singer, J., *Phantasie und Tagtraum, meditative Methoden in der Psychotherapie*, München 1978
Stokvies, B. & Wiesenhütter, *Lehrbuch der Entspannung, autosuggestive und übende Verfahren der Psychotherapie und Psychosomatik*, Stuttgart 1979
Tepperwein, Kurt, *Die Botschaft deines Körpers*, Triesen 1984
Tepperwein, Kurt, *Die hohe Schule der Hypnose*, Genf 1977
Tepperwein, Kurt, *Geistheilung durch sich selbst*, Genf 1975
Tepperwein, Kurt, *Kraftquelle Mentaltraining*, Genf 1986
Tietze, Henry G., *Imagination und Symbolbedeutung*, Genf 1983
Walter, Johannes, *Die heilende Kraft des Atmens*, München 1987
Waters, Tom A., *Unser Überbewußtsein*, Landsberg 1986
Waitley, Denis, *Der Kern unserer Kraft*, Graz 1985